MARMELADENOMA

Mein Leben ist (k)ein Märchen

Lebensweisheiten
der erfolgreichen Ü90-Internet-Oma

INHALT

Gewidmet meinem liebevollen Vater,
der mir das Leben
und die Märchenwelt schenkte.

Schöne, heile Welt

LIEBE, VERTRAUEN UND MÄRCHEN – DIE WICHTIGSTEN BEGLEITER MEINER KINDHEIT

Märchen durchziehen mein Leben wie ein roter Faden. Die Liebe zu ihnen hat mein Vater in mir geweckt. An Samstagabenden nach einer arbeitsreichen Woche saßen wir, Vater, Mutter, und wir acht Geschwister, in der Wohnküche am großen Tisch. Vater spielte oft auf seiner Geige, wir sangen gemeinsam Lieder, oder es wurde gebastelt und erzählt. Oft las uns Vater auch aus Büchern vor. Geschichten, Gedichte oder, was mir am liebsten war, meine geliebten Märchen. Diese längst vergangene Welt ist nur scheinbar verschwunden, ich kann sie immer wieder vor meinem geistigen Auge erscheinen lassen, denn auch das Vergangene ist Teil der Wirklichkeit. Einer Wirklichkeit, die ich anhand dieser Geschichte aus meiner Kindheit mit Ihnen teilen will.

Wenn wir zwei Kleinsten, mein jüngerer Bruder, das Hermännle, und ich, abends im Bett lagen, erzählte uns Vater zum Abschluss des Tages stets ein versöhnliches, sanftes Märchen. Er beantwortete geduldig und voller Liebe unsere Kinderfragen, dann gab er uns einen Kuss und deckte uns sorgsam zu. Meine Erinnerung an diese Tage ist erfüllt von dem Gefühl der Geborgenheit. Und die grenzenlose Liebe, die mir geschenkt wurde, gab mir den Freiraum, mich sorglos nach meinen Neigungen und Interessen zu entwickeln.

Ich war ein Kind, das sich gerne in fantasievollen Gedankenspielen verlor. Wenn ich, nahe unserem Haus, auf der großen Wiese lag und vor mich hin tagträumte, bekamen die vorüberziehenden Wolken Gestalten. Mein Schutzengel schwebte hoch oben und wachte über mich, eine gute Fee lächelte mir zu, Schneewittchen, Aschenputtel, Brüderchen und Schwesterchen gaben sich ein Stelldichein. Mit jeder Wolke, die vorbeischwebte, kam ein anderer Gast. Auch die böse Stiefmutter, ein gefährlicher Drache oder finstere Riesen tauchten auf und zogen schließlich weiter. So verbrachte ich oft ganze Sommernachmittage, lebte in meinem märchenhaften Kosmos und war der Wirklichkeit entrückt.

Manchmal entdeckten mich jüngere Nachbarskinder, umringten mich und bettelten, ich solle ihnen ein Märchen erzählen. Dann ließ ich sie an meiner Welt teilhaben und erzählte den atemlos Lauschenden meine Lieblingsmärchen. Ich führte die Kinder in verwunschene Wälder und ferne zeitlose Länder, ließ sie teilhaben an den Abenteuern der märchenhaften Heldinnen und Helden, und gemeinsam erlebten wir immer wieder den unvermeidlichen Sieg des Guten über das Böse. Verzauberte Sommerstunden. Christian Morgenstern hat als Erwachsener einmal gesagt, dass er immer noch im und vom Sonnenschein seiner Kindheit lebe. Dasselbe gilt auch für mich – heute noch.

Manchmal hütete ich die kleinen Kinder der Nachbarn auch zu Hause oder half den Müttern beim Einkaufen oder anderen Dingen des täglichen Lebens. Damals war ich, was man heute nicht mehr vermuten würde, ein schüchternes Kind und sprach mit Erwachsenen nicht mehr als nötig. Die Ausnahme war mein lieber Vater, dem ich grenzenlos vertrauen konnte. Doch Vater arbeitete tagsüber als technischer Zeichner in einem Karlsruher Büro. Abends und am Wochenende malte er zu Hause Landschafts- und Blumenbilder, wie er es einst bei seinem Meister gelernt hatte. Es waren meist Auftragsarbeiten von begüterten Karlsruher Bürgern, und oft durfte ich ihm bei seiner künstlerischen Arbeit über die Schulter sehen. Auch dies Zeiten des Glücks, die sich zu den zahlreichen anderen glücklichen Momenten addierten, die ich mit meinen Geschwistern erlebte.

Ja, es war tatsächlich eine heile Welt, die ich als Kind erleben durfte, eine nahezu unbeschwerte Kindheit im Kreise einer lebendigen und kreativen Familie. Im Rückblick betrachtet, lebte ich in einem märchenhaften, beinahe verwunschenen Paradies am Rande einer großen Stadt.

Im Unterdorf, an einer Straßenkreuzung, stand oft ein fahrbarer Süßwarenstand. Aus dem Fenster blickte eine alte Frau. Ich allein wusste, dass sie in Wirklichkeit eine Fee war. Wenn ich eine Zehnpfennigmünze besaß, ging ich zu ihr und überlegte lange, ob ich mir Lakritz oder eine Wundertüte kaufen sollte. Eine solche Tüte enthielt zerbrochene Kekse, Schokoladenstücke, Bonbons. Manchmal, was ein seltenes Glück war, fand sich darin sogar ein besonderer Schatz, ein kleiner Fingerring aus Blech mit einem Stein aus Glas. Die gute Fee wartete stets geduldig, bis ich meine Entscheidung getroffen hatte. Dann schob sie meine Errungenschaft über den Tresen und legte noch ein Extra dazu – eine Feengabe, wie ich wusste. Wie sehr freuten wir Kinder uns damals über eine so seltene Süßigkeit!

Heute sind die Regale der Supermärkte übervoll mit Süßwaren aller Art – Schokolade, Pralinen, Gebäck und Bonbons. Manchmal komme ich mir vor wie im Schlaraffenland, wo die Dächer aus Pfannkuchen bestehen, wo es Honig regnet und Zucker schneit. Das Überangebot ist für viele heutzutage vielleicht eine Selbstverständlichkeit. Denke ich an meine Kindheit zurück, sind es aber gerade die seltenen Gelegenheiten und die kleinen Mengen, die den Genuss so groß machten. Das Glück, es liegt im Maß, so empfinde ich.

Mein Vater, der Künstler

GEBORGENHEIT – DAS FUNDAMENT MEINER KINDLICHEN ENTWICKLUNG

Wenn Vater ein bestelltes Gemälde fertig hatte, packte er es sorgfältig in Packpapier, holte sein altes, großes Fahrrad aus dem Keller unseres kleinen Reihenhauses, um zu den Auftraggebern zu fahren. Oft durfte ich ihn begleiten, und so setzte ich mich auch diesmal wieder auf den Gepäckträger, spreizte meine Beine weg vom Rad, damit sie nicht in die Speichen gerieten. Vater stellte das Bild, das recht groß war, vertrauensvoll vor mich auf meine Schenkel, und ich umklammerte es mit beiden Händen. Dann fuhren wir los.

Unterwegs hielten wir an den Auen des Flusses, der Alb. Vater nahm mir das Bild ab, stellte es sachte auf den Boden und erklärte mir, wie so oft, wenn wir gemeinsam auf Reisen waren, die Welt. Er lehrte mich die Namen der Blumen, die auf der Wiese wuchsen, und der Bäume, die den Fluss säumten. Und er nahm mich auch oft mit auf eine Märchenreise.

Das Ufer des kleinen Flusses, der gemächlich in Richtung Rhein floss, war gesäumt von mächtigen Weiden, durch deren Blattwerk der Wind wehte. Allein die schwingenden Bewegungen der Äste machten bereits einen nachhaltigen Eindruck auf mich und eröffneten meiner Fantasie neue Räume. Doch die Natur, die uns umgab, hatte noch märchenhaftere Elemente zu bieten, als ich es bisher erahnt hätte. Vater legte seinen Arm auf meine Schulter, und er machte mich auf die langen Wasserpflanzen aufmerksam, die sich sanft in der Strömung wiegten. Diese grünen Strähnen, sagte er, seien in Wirklichkeit die langen Haare von Wassernixen, die sich einen Spaß daraus machten, ihr Antlitz vor den Menschen zu verbergen. Sobald wir unsere Fahrt fortgesetzt hatten, würden sich die Nixen wieder aus ihrem Versteck herausbegeben, um durch den Fluss zu gleiten, neuen Abenteuern entgegen. Wie ist das Leben doch so wunderbar eingerichtet, dachte ich, und die weitere Fahrt zu Vaters Kunden träumte ich vor mich hin.

Am Ziel angekommen nahm er mir das Gemälde wieder ab, wir gingen zur Haustür einer schönen Villa. Er läutete, eine elegante Dame öffnete, begrüßte uns mit einem angedeuteten Kopfnicken, und wir traten in das Foyer, das sehr groß und gediegen eingerichtet war. Die Dame nahm Vater das Bild ab und verschwand damit im Salon. Sie hatte uns keinen Stuhl angeboten und uns einfach, wie Dienstboten, im Vorraum stehen lassen. Ihr Verhalten verstörte mich, ich empfand es als unangemessen und unhöflich. Bei uns zu Hause benahm man sich anders, unseren Besuchern wurde mit aufrichtiger Freundlichkeit begegnet.

Schließlich kam die Dame des Hauses zurück, gab meinem Vater die Schnur und das Packpapier, das er sorgfältig zusammenlegte, zurück. Dann endlich sagte sie mit süßlicher Stimme: »Wie immer sehr schön« und reichte ihm seinen Arbeitslohn. »Ich habe da übrigens noch einen angeschnittenen Kuchen, bei dem ich wohl ein nicht einwandfreies Ei verwendet habe«, fuhr sie fort. »Aber ihre vielen Kinder werden ihn wohl trotzdem aufessen.«

Meine Empörung wuchs. Wie sprach diese eingebildete Person mit meinem lieben Vater, der ihr mit Herzblut ein Bild gemalt hatte und den sie mit ihrer, aus meiner Sicht, vergifteten Spende als Hungerleider und Bittsteller dastehen ließ? Mein Mitgefühl mit meinem Vater ließ mich meine Schüchternheit anderen Erwachsenen gegenüber überwinden: »Wir brauchen Ihren Kuchen nicht«, brach es aus mir heraus, »unsere Mutter backt wunderbaren Kuchen!« Dann stürzte ich schluchzend aus der Villa. Ich hörte noch, wie sich Vater bei seiner Kundin entschuldigte. Dann folgte er mir, in den Händen sein Packpapier – und den Kuchen. Wortlos bestiegen wir das Rad und fuhren nach Hause.

Den Kuchen warf er schweigend den Hühnern vor. Den Rest des Tages verbrachten wir in getrennten Räumen, jeder blieb für sich in seiner Welt. Wir dachten über das Erlebte nach, und wir fühlten uns in das Befinden des anderen ein. Ich bin mir sicher, dass mein Vater überlegte, warum ich so verletzt reagiert hatte. Ich dachte darüber nach, warum mein Vater sich nicht so empört hatte wie ich. War es Höflichkeit? Oder hoffte er auf weitere Aufträge, weil er das Geld für seine große Familie benötigte und keine Missstimmung aufkommen lassen wollte? Vielleicht war es auch eine Mischung aus beidem. Diese Gedanken hatten etwas Versöhnendes, und ich merkte, wie sich meine emotionalen Wogen glätteten.

Am Abend saß Vater, wie immer, an meinem Bett. Er erzählte mir heute kein Märchen, sondern kam auf den Besuch in der Villa zu sprechen. Er erklärte mir, dass die Dame das Angebot, den leicht verdorbenen Kuchen mitzunehmen, nicht böse gemeint hätte. Ich entgegnete, dass ich die Frau eingebildet und unhöflich fände. Vater nickte und sagte, dass man das so sehen könne. Wir waren uns auf jeden Fall einig, dass man niemals herablassend sein sollte.

»Alle Menschen haben das Recht, gleich gut behandelt zu werden«, sagte mein Vater. »Egal, welchen Beruf sie ausüben, welche Kleidung sie tragen, ob sie dick, dünn, schön oder hässlich sind, ob sie alt oder jung sind. Allen Menschen sollten wir mit Liebe und Respekt begegnen.«

Nun erzählte mir Vater doch noch ein Märchen. Ein Märchen der Brüder Grimm, das ich noch nicht kannte: »König Drossel-

Mein Vater, der Landschafts-
und Blumenmaler

Meine liebe Mutter

Ölgemälde meines Vaters, die den Krieg überdauerten

bart«. In diesem Märchen ging es um einen König, der eine wunderschöne Tochter hatte. Doch sie hatte einen Makel, sie war hochnäsig. Der gute König wollte sie verheiraten, doch keiner der Freier war ihr gut genug. Besonders einer, König Drosselbart, zog ihren Spott auf sich, weil ihr sein Äußeres missfiel. Nachdem die Prinzessin alle Bewerber abgelehnt hatte, wurde es ihrem Vater zu bunt, und er vermählte sie kurzerhand mit einem Spielmann, der zufällig das Schloss besuchte. Dieser führte sie zu seinem einfachen Heim, vorbei an Fluren, Wäldern und einer prächtigen Stadt. Nach Aussage des Spielmanns gehörten diese Besitztümer alle König Drosselbart. Da bereute die Prinzessin, dass sie Drosselbart verhöhnt hatte. Zu ihrem Unglück verließ sie auch noch der Spielmann, und so musste sie schließlich alleine in der armseligen Hütte leben. Eines Tages jedoch wurde sie in ein königliches Schloss zu einem Fest geladen. Und nun waren es die Gäste des Königs, die sich über ihre Armut lustig machten. Schließlich gab sich einer der Gäste, der sich bislang zurückgehalten hatte, als König Drosselbart zu erkennen. Er offenbarte ihr, wer er war und dass er sich als Spielmann verkleidet hatte. Da erkannte die Prinzessin, dass sie in ihrer Eitelkeit falsch gehandelt hatte. Am liebsten wäre sie vor Scham im Boden versunken.

»So mag es wohl vielen gehen, die ihr Leben in Hochmut verbringen und meinen, sich über andere erheben zu können«, sagte mein Vater. Dann nahm er mich in Gedanken zurück zu unserem beglückenden Erlebnis am Fluss. Er kam auf die Weiden zu sprechen, deren lange Äste bis ins Wasser ragten, und auf die grünen Haare der Wassernixen. Diese kleine Erinnerungsreise versöhnte mich mit dem heutigen Tag, der eigentlich viel Schönes für mich bereitgehalten hatte.

Bevor mir Vater den üblichen Gutenachtkuss gab, hatte er auf dem Weg in meine Träume noch eine kleine Aufgabe für mich: »Was meinst du, Helgele, haben die Nixen erlebt, nachdem wir mit unserem Rad davongefahren waren?« Was für eine märchenhafte Aufgabe hatte mir mein Vater da aufgetragen. Ich nahm sie mit in meinen Schlaf.

Das liebevolle Verhältnis zu meinem Vater, sein Verständnis für meine Nöte, seine fantasievolle Betrachtung der Natur und seine unendliche Geduld haben meiner kindlichen Seele stets gutgetan. Ich fühlte mich immer liebevoll angenommen und entwickelte dadurch eine Resilienz, eine psychische Widerstandskraft, die mich in späteren Lebensabschnitten in die Lage versetzte, die richtigen Entscheidungen zu treffen. Diese Fähigkeit, mit neuen Herausforderungen umzugehen, wird in den Kindertagen gelegt. Vertrauen, Liebe, Anerkennung, sich die Zeit für sein Kind zu nehmen sind bedeutende Elemente für die seelische Entwicklung eines Kindes. Und auch viele Märchen erzählen von der Widerstandskraft: Geraten nicht die Heldinnen und Helden immer in hoffnungslose Situationen und gefährliche Abenteuer – aus denen sie letztlich gestärkt und reifer geworden hervorgehen?

Obwohl ich mittlerweile schon über 90 Jahre alt bin, ist mein Vater noch immer an meiner Seite. Oft spreche ich in Gedanken mit ihm und hole mir Rat. Eines meiner täglichen Rituale ist es, jeden Morgen über seine Fotografie zu streicheln, die an meinem Bett steht, und unsere Seelen sind miteinander verbunden. Wie schrieb einmal der Schriftsteller Antoine de Saint-Exupéry: »Ich stamme aus meiner Kindheit wie aus einem Land.« Dies trifft auch auf mich zu. Und bis zum heutigen Tage reise ich immer wieder in Gedanken zurück in die frühen Jahre meiner Kindheit und bin dankbar für das Gute und Schöne, das mir damals zuteilgeworden ist.

Verschwundene Welten

MEIN REFUGIUM SELBST GESCHAFFENER GEBORGENHEIT: DIE MÄRCHENINSEL

In meiner Erinnerung ist die Zeit, als meine Mutter noch lebte, von Licht durchflutet. Ein immerwährender Sommer oder ein stetiger Frühling. Hier auf den Wiesen an der Alb, dem Flüsschen, das sich durch unseren Stadtteil Grünwinkel schlängelt, war alles vollkommen. Hier war das Glück zu Hause.

Oft war ich am Waschtag bei den Frauen und älteren Mädchen des Dorfes am Fluss, sah ihnen zu, wie sie gemeinsam die Wäsche wuschen, sich dabei Geschichten erzählten, Neuigkeiten austauschten und scherzten. Wir Kinder spielten gerne auch Fangen oder Verstecken oder trauten uns gar mit unseren großen Brüdern in den nahen Wald, wo wir Tannenzapfen sammelten oder Blumen pflückten, die am Wegrand wuchsen.

Am späten Nachmittag kamen die Pferde der Brauerei Sinner. Die Pferdeknechte saßen mit bloßem Oberkörper und hochgekrempelten Hosenbeinen auf den schönen, schweren Pferden und ritten an das Ufer der Alb. Dort an der Schwemme, die sich neben der Brücke des Flusses befand, tummelten sich gerne die Enten, und die Fische wärmten sich im flachen Wasser. Die Gäule wurden zunächst eingeseift und dann gestriegelt. Danach schwangen sich die Männer wieder auf die Rücken der Pferde und ritten mit ihnen immer tiefer in den Fluss, bis hin zum »Gaulsloch«, das so tief war, dass die Pferde dort schwimmen konnten. Manchmal durfte das Hermännle, vor einem der Männer sitzend, mitreiten. Schließlich kamen die Männer mit den Tieren zurück ans Ufer. Ein unvergesslicher Anblick, wie sie gemeinsam in die langsam sinkende Abendsonne ritten.

Dann war es höchste Zeit für uns, nach Hause zu gehen. Unser Kater Peterle, der uns oft begleitete, stolzierte mit aufgestelltem Schwanz vor uns her, die zwei Brüder zogen den Leiterwagen, der mit Spielsachen, einer Decke und unseren Trinkflaschen mit Essigwasser gefüllt war. Und nach einer Weile nahm Erwin seinen todmüden kleinen Bruder Hermann auf den Rücken. Ich wandelte langsam hinterher, umhüllt von einem Märchentraum. Oben von der Anhöhe erklang Vaters Ruf: »Erwin, Karl-Heinz, Helgele, Hermännle, heimkommen!« Auf dem großen Tisch warteten Schüsseln mit Dickmilch, die Mutter selbst hergestellt hatte und die wir mit Zucker, Zimt und Brotwürfeln vermengt hungrig verspeisten. Das Hermännle schlief danach auf Mutters Schoß ein, meist brachte ihn dann meine große Schwester Rösle zu Bett. Am Tisch hatte jeder seinen angestammten Platz. Bei jedem Essen saß ich an der Schmalseite des Tisches, Vater an der langen Vorderseite, ich umklammerte seine rechte Hand, er musste mit der Linken essen, was er stets geduldig tat.

Die Samstagabende an unserem Tisch sind mir unvergesslich. Wir lachten gemeinsam, spielten, musizierten. Mein Vater und die großen Geschwister diskutierten auch oft. Wir Kleinen saßen dann mit großen Augen dabei, während sich unsere Katzen auf der Eckbank reckten. Mutter saß meist da, eine Handarbeit auf dem Schoß, lächelte still und war glücklich.

Eines Abends blieb der Ruf meines Vaters aus. Hermännle und ich waren allein auf der Wiese unterwegs gewesen, und insgeheim beschlich mich eine dunkle Vorahnung. Mutter war in der letzten Zeit immer stiller geworden, sie habe eine Krankheit, hörte ich Nachbarn hinter vorgehaltener Hand erzählen. Mein Vater bestätigte uns Kindern schließlich, dass es nicht gut um Mutters Gesundheit bestellt sei. Ja, dass sie vielleicht bald werde sterben müssen. Vater erklärte uns Kindern diesen Umstand mit behutsamen Worten, und er verstand es, uns liebevoll auf das Unvermeidliche vorzubereiten.

Vater hatte also nicht gerufen an diesem Abend. Auch auf dem Hügel stand er nicht wie sonst. Eine innere Unruhe erfasste mich, ich nahm meinen kleinen Bruder an der Hand, und wir beschleunigten unsere Schritte.

Im Haus war es sonderbar ruhig. Ich erblickte meine Mutter, sie lag blass in ihrem Bett, das schon lange im Wohnzimmer stand. Vater saß bei ihr und unterhielt sich in leisem Ton mit ihr. Auch meine großen Brüder und auch Friedl und Rösle waren da. Als uns Rösle erblickte, ging sie auf uns zu und führte Hermännle und mich in die Küche, wo sie uns ein Abendessen zubereitete. Warum aßen die anderen nicht mit, dachte ich, war aber nicht in der Lage, meiner großen Schwester diese Frage zu stellen. Schließlich brachte uns Rösle nach oben, zu Bett. Vater las uns heute kein Märchen vor, wieder war es Rösle, die sich um uns Kleinen kümmerte. Sie saß an unseren Betten und sang leise ein beruhigendes Lied, bis wir eingeschlafen waren.

Als ich am nächsten Morgen erwachte, überfiel mich die ungewohnte Stille, die unser Haus erfüllte. Schließlich drang dumpfes Weinen an meine Ohren, das aus dem Wohnzimmer zu kommen schien. Hermännle schlüpfte zu mir ins Bett, er klammerte sich an mich. Auch er weinte nun. Nach unbestimmter bleierner Zeit hörten wir schließlich Schritte. Rösle öffnete bedrückt die Tür zu unserem Kinderzimmer. Sie nahm ihren kleinen Bruder auf den Arm, ich folgte den beiden in meinem langen weißen Nachthemd ins Wohnzimmer. Da waren Vater und meine anderen Geschwister. Sie saßen schweigend da, vor ihnen auf dem Bett lag meine Mama und rührte sich nicht. Sie lag da, als würde sie schlafen. Als Vater mich erblickte, breitete er die Arme aus, und ich setzte mich still auf seinen Schoß. »Deine Mutter ist von uns gegangen. Sie ist im Himmel. Dort geht es ihr gut«, sagte er leise.

Ich entgegnete nichts. Ich war wie in einem grauen Traum gefangen. Dennoch hatte ich nicht das Gefühl, dass meine Mama fort war. Was der Tod in seiner Konsequenz bedeutet, konnte ich in meiner kindlichen Naivität nicht begreifen. Erst als mir später die Endgültigkeit des Abschieds bewusst wurde, überfielen mich Kummer und Trauer. In diesem Augenblick jedoch lag meine Mama da, als würde sie schlafen. Einen tiefen Schlaf, aus dem sie wieder erwachen würde, wie ich mir vorstellte. Lag Mama nicht da wie Schneewittchen? Ihre Haut weiß wie Schnee. Und schön. Insgeheim hoffte ich, jemand würde sie wachküssen, und alles wäre wieder gut. Ich kam auf die Idee, die Kinder aus meiner Nachbarschaft vor unsere Terrassentür zu führen. Hinter der Glasscheibe lag sie, meine Mama. Drei Tage lang. »Seht nur«, sagte ich zu den Kindern, die ergriffen meine entschlafene Mutter betrachteten, »sieht sie nicht aus wie Schneewittchen?«

Sie wurde nicht wachgeküsst. Der Trauerzug durch Grünwinkel war beeindruckend. Meine Mutter war sehr beliebt gewesen, und nun wollten ihr die vielen Verwandten, ihre Nachbarn und Freundinnen die letzte Ehre erweisen. Meine liebe Mutter, sie wurde nur 42 Jahre alt.

Dann kam eine neue Mutter ins Haus – unsere Stiefmutter. Eine aus der Sicht von uns Kindern böse Stiefmutter, die wie im Märchen unser gewohntes unbeschwertes Leben zu unserem Nachteil veränderte. Die frohen Kindertage, unsere heile Welt waren dem Untergang geweiht. Der Gemüsegarten und der Hühnerhof wurden auf ihr Geheiß abgeschafft, die Brüder mussten in die kleine Mansarde ziehen, ihr ehemaliges Zimmer wurde nun zum

Mein geliebter Vater und meine Stiefmutter vor unserem Haus

Im Garten meiner Kindheit

Wie »Brüderchen und Schwesterchen«: Hermännle und ich

Elternzimmer mit einer völlig neuen Einrichtung. Basteln wurde verboten, da es zu viel Schmutz machte, die gemeinsamen Samstagabende in fröhlicher Runde wurden seltener, dann wurden sie ganz eingestellt. Es blieben nur Vaters Märchenstunden vor dem Zubettgehen.

Am Anfang versuchte ich noch, zu meiner Stiefmutter ein gutes Verhältnis aufzubauen. Doch sie war von so rustikaler Natur, dass ich es rasch aufgab. Wir lebten nicht nur auf zwei unterschiedlichen Planeten, uns schienen Sonnensysteme zu trennen. So zog ich mich mehr und mehr in meine verzauberte Welt zurück. Manchmal legte ich mir ein enges Nachthemd um den Kopf, das in meiner Fantasie zu den langen Haaren von Schneewittchen wurde. So wanderte ich versonnen durch das Haus, deklamierte Gedichte oder sang wie Rapunzel in ihrem Turm. Meine Stiefmutter, die von völlig anderem Gemüt war als ich, verstand dieses Verhalten nicht, und oft konfrontierte sie mich mit Aussagen wie »Du bist verrückt, du bist nicht normal, du gehörst weit weg«. Und ich erwiderte manchmal, wenn auch nur flüsternd: »Rede du nur, ich weiß, was mit bösen Stiefmüttern geschieht.«

In meinen Gedanken war ich ohnehin schon weit weg, und auf dem Dachboden hatte ich mir in einem Kämmerlein ein kleines Reich mit meinen Büchern eingerichtet. Dort stand eine riesige Eichentruhe mit einem schweren gewölbten Deckel. In der Truhe waren die Stoffreste von den Näharbeiten meiner Mutter aufbewahrt. Ich musste immer meine ganze Kraft zusammennehmen, um den schweren Deckel zu öffnen. Dann setzte ich mich hinein. Hier zwischen den weichen Stoffen, in den Händen ein Buch, fühlte ich mich geborgen und lebte in einer Märchenwelt. Ich las, träumte vor mich hin oder betrachtete die Staubkörner, die funkelnd im Sonnenlicht tanzten, das zwischen den Ziegeln hindurchschimmerte.

Die heile Welt der gerade noch erlebten Gegenwart, als meine Mutter noch lebte, war verschwunden. Doch ich hatte eine neue zauberhafte Welt für mich entdeckt und tauchte noch tiefer in die Welt der Märchen und Träumereien ein. Bisweilen wurde ich jedoch vermisst. Man rief nach mir, ich vernahm die Stimmen meiner Geschwister oder meiner Stiefmutter. Doch ich gab keine Antwort. Ich wollte meine geheime Kammer nicht preisgeben, hätte sie doch sonst ihren Zauber verloren. Stattdessen schlich ich in einem günstigen Augenblick nach unten ins Erdgeschoss, wo ich unvermittelt auftauchte und mit Verwunderung in Empfang genommen wurde. Auch auf hartnäckige Nachfragen über meinen zwischenzeitlichen Verbleib gab ich keine verwertbare Auskunft. Meine Familie, sie musste sich damit abfinden, und irgendwann schien es normal zu sein, dass ich gelegentlich aus ihrem Kreis verschwand.

Hier auf meiner geheimen Märcheninsel unter dem Dach schöpfte ich Kraft. In dieser Abgeschiedenheit, fern vom lärmenden Alltag mit seinen vielfältigen Anforderungen, fühlte ich mich beinahe wie Dornröschen in ihrem verzauberten von Kletterpflanzen überwucherten Schloss. Im Gegensatz zu Dornröschen war ich zwar nicht in einen hundertjährigen Schlaf gefallen, aber mein geheimes Versteck war für die anderen unerreichbar. Ich schätzte mich glücklich, dass ich ein solch märchenhaftes Reich hatte. Ganz für mich alleine.

Meine beste Freundin

DAMALS WIE HEUTE MEINE ÜBERZEUGUNG: ES GIBT SEELENVERWANDTSCHAFT

Die Liebe zu Tieren hatte sich schon früh in meiner Kindheit entwickelt. Unsere Katzen, die Hasen meines Vaters, unsere Hunde wurden mir zu Freunden. Doch eines Tages sollte eine besondere Freundin in mein Leben treten. Sie hieß Tusnelda und war eine Gans. Das kam so:

Mein Vater war für viele Menschen in unserem Stadtteil Ansprechpartner, er half bei kleineren Reparaturen, hatte ein offenes Ohr für die Sorgen der Menschen, egal ob groß oder klein. Ein älteres Ehepaar, dem er sehr verbunden war, ließ es sich nicht nehmen, meinem Vater eines Tages ein Geschenk zu machen. Die Gans, die sie in ihrem Garten aufgezogen hatten, so meinten sie, würde ihm und seiner Familie gut als Festtagsbraten dienen. Erfreut nahm Vater das Geschenk an. Glücklich, mit der arglosen Gans unter seinem Arm, klingelte er an unserem kleinen Haus. Ich öffnete, die Gans und ich blickten uns in die Augen, und sofort stellte sich eine tiefe Verbundenheit ein. Es klingt sicherlich merkwürdig, aber es war gerade so, als hätten sich zwei Freunde nach langer Zeit wieder getroffen – Tusnelda und Helga. Der Name der Gans war mir übrigens spontan eingefallen, gerade als sie von meinem Vater in mein Leben getragen worden war.

Mein Vater eröffnete mir froh, dass er uns die Gans am Sonntag als Braten vorsetzen wolle. Ich war bestürzt. »Aber du kannst doch nicht meine Freundin Tusnelda umbringen!«, entgegnete ich betroffen.

Mein Vater sah mich an, als sei ich nicht ganz bei Trost. Doch er hatte die wunderbare Fähigkeit, sich in andere Menschen, selbst in das Seelenleben eines kleinen Mädchens, hineinzuversetzen. Er schien Verständnis für meine Gemütslage zu haben, in der ich mich gerade befand. Auf der anderen Seite jedoch hatte er eine Familie zu ernähren, ein Umstand, den er mir nun mit schonenden Worten zu erklären versuchte. Vergebens. Ich bettelte, er möge das wehrlose Geschöpf nicht töten, nicht meine liebe Tusnelda. Er lächelte milde, wie es seine Art war, und versprach, darüber nachzudenken. Doch zum Nachdenken sollte er keine Gelegenheit bekommen. Ich verfolgte meinen guten Vater den ganzen Tag. In den Garten, wo er Tusnelda vorsorglich in den großen Stall eingeschlossen hatte, auf den Dachboden, in die Küche, ins Wohnzimmer. Egal, wo er sich aufhielt, stets war ich, ihm ins Gewissen redend, an seiner Seite. Immer wieder beschwor ich seinen guten Willen, seine Tierliebe und die Zuneigung seiner jüngsten Tochter, die er auf das Spiel setze, wenn er Tusnelda nicht das Leben schenkte. Vater schwieg, er blieb die Ruhe selbst. Schließlich tauchte ich, er arbeitete gerade an einem seiner Gemälde, unerwartet hinter der Staffelei auf. Ich sagte nichts mehr, sondern blickte ihn nur stumm an.

Vater seufzte. »Ach Kind«, sagte er, »du sollst deine Gans haben. Ich schenke sie dir.«

Überglücklich fiel ich ihm um den Hals. Sofort eilte ich in den Garten, um Tusnelda zu befreien. Sie begrüßte mich flügelschlagend, und wieder trafen sich unsere Blicke. Auf irgendeine Weise waren wir beide auf einer mystischen Ebene miteinander verbunden. Ich nahm Tusnelda auf meinen Schoß und streichelte, liebevolle Worte flüsternd, über ihr Gefieder. Sie wurde meine beste Freundin. Tusnelda, die sich nun frei bewegen durfte, wie sie wollte, folgte mir auf Schritt und Tritt, als sei ich »Die Gänsemagd« aus dem gleichnamigen Märchen der Brüder Grimm.

Sie kam mit hinunter an das Flüsschen Alb, wo ich den jüngeren Kindern aus meinem geliebten Märchenbuch vorlas, das ich zu Weihnachten bekommen hatte. Sie beteiligte sich an meinen Spielen mit anderen Kindern auf der Wiese, sie begleitete mich zu Nachbarn oder zum Einkauf im Dorfladen. Nur in die Schule durfte sie nicht mit, was Tusnelda, klug wie sie war, einzusehen schien. Während ich in der Schule lernte, wartete sie geduldig zu Hause auf mich. Wenn ich zurückkam, liefen wir uns froh entgegen, ich rief ihren Namen, und sie watschelte flügelschlagend und schnatternd auf mich zu.

»Die Gänse begrüßen sich«, sagte dann mein Vater schmunzelnd. Aber er wusste, wir waren mehr als zwei Gänse, wir waren Seelenverwandte.

Dunkle Zeiten

VON GUTEN MÄCHTEN FÜR DIE ZUKUNFT GERETTET: MEIN MÄRCHENBUCH

Unmerklich waren dunkle Wolken aufgezogen, und ehe wir nichts ahnenden Kinder die drohende Gefahr wahrnahmen, wurden wir unserer heilen Welt beraubt. Der Zweite Weltkrieg hatte begonnen, das Verhängnis nahm seinen Lauf.

Bald schon wurden meine beiden ältesten Brüder zur Wehrmacht einberufen und mussten den Kreis unserer Familie verlassen. Mein Bruder Alfred, er sollte schon bald für immer von uns gehen. Er fiel bereits in den ersten Kriegsmonaten. Das Leid, die Trauer, dass ich meinen geliebten Bruder nie wieder sehen sollte, sie lassen sich nicht in Worte fassen. Es folgte mein lieber Bruder Lothar. Er wurde nur 21 Jahre alt.

Mehr denn je flüchtete ich in meine Welt der Märchen und der Träume, und ich half auch weiter den Nachbarn, wo ich konnte, aber meine kindliche Unbeschwertheit war dahin.

Dann begannen die Luftangriffe. In der Annahme, unser idyllischer Stadtteil würde von den Bomben verschont werden, verbrachten meine Familie und meine Gans Tusnelda die ersten Angriffe in unserem kleinen Keller. Doch auch unser dörflich geprägtes Grünwinkel wurde bombardiert, und so entschieden wir uns sehr bald, bei jedem Alarm in die Albsiedlung zu eilen, wo ein Hochbunker stand. Der Weg dorthin war recht weit, und wir mussten uns stets sehr beeilen, um noch rechtzeitig Einlass zu finden. Die Wiese, auf der ich so oft vor mich hin geträumt hatte, wurde auf Befehl der Obrigkeit zu einem Rübenacker umgewandelt, um die Ernährung der Bevölkerung sicherzustellen. Der Abhang, der zu dem Flüsschen Alb führte und wo wir im Winter ausgelassen mit unseren Holzschlitten rodelten, wurde schließlich aufgegraben. Hier am Rand des Charlottenplatzes, der in die Albwiesen überging, wurde Raum für einen unterirdischen Bunker geschaffen. Es war an der Zeit. Denn die Luftangriffe der feindlichen Verbände verstärkten sich, und während wir dicht gedrängt auf harten Holzbänken saßen, fielen die Bomben auf unsere Stadt und unseren Stadtteil Grünwinkel. Kein Laut drang in unseren abgeriegelten Bunker, wir waren Gefangene in einer klaustrophobischen Zwischenwelt.

Und dann kam der Tag, an dem die Hölle über Grünwinkel hereinbrach. Mitten in der Nacht heulten die Sirenen. Vollalarm. Wir ergriffen unsere bereits gepackten Koffer und eilten in den nahen Luftschutzraum. Auch wenn wir dieses Prozedere schon viele Male hinter uns gebracht hatten, waren wir auch in dieser Nacht erfüllt von Unruhe. Wir waren müde und erschöpft, und während wir abgeschirmt von der bedrohten Welt über uns im Bunker saßen, träumte ich mich in Gedanken in mein Märchenzimmer im Dachgeschoss. Im Geiste saß ich in meiner Truhe mit den Flicken und Stoffresten und war zu Hause in meiner versteckten Welt.

Das Erwachen war grausam. Als es nach geraumer Zeit Entwarnung gab, verließen wir den Schutzraum. Vor uns breitete sich ein Trümmerfeld aus – die Charlottenstraße war vom Bombenhagel zu einem großen Teil zerstört worden. Der Charlottenplatz, an dem unser Reihenhaus stand, war jedoch nahezu verschont geblieben. Nur eines der Gebäude hatte einen schweren Treffer abbekommen, es war unser Eckgebäude, das an der zerstörten Straße lag. Fassungslos stand ich davor und betrachtete das Dachgeschoss. Es war während des Beschusses in Flammen aufgegangen. Der Brand war zwar von den Frauen und Männern des Luftschutzdienstes unter Einsatz ihres Lebens gelöscht worden, doch mein Refugium, meine Märcheninsel, war vernichtet. Das kleine Regal war mitsamt meinen Büchern verbrannt. Die alte Truhe, in der ich mich in bessere Welten geträumt hatte, gab es nicht mehr.

Ich setzte mich auf die Treppe vor der Haustür und weinte bitterlich.

Gibt es Wunder? Ja, es gibt sie, aber sie kommen nicht ohne Grund. Wunder haben eine Vorgeschichte.

Während ich in tiefer Traurigkeit vor unserem Haus saß, wurde eine Nachbarin auf mich aufmerksam. Sie fragte mich, warum ich so niedergeschlagen sei, schließlich wäre an unserem Haus nur der Dachstuhl beschädigt. Bekümmert erzählte ich ihr von meinem geheimen Zimmer, das nun nicht mehr existierte, und von dem Verlust meiner Bücher. Die nette Frau tröstete mich und ging wieder. Bald jedoch kam sie zurück, mit einem Stapel Bücher in den Händen. »Die sind für dich«, sagte sie. »Dann musst du nicht mehr so traurig sein.« Doch dem nicht genug. Die Frau, deren Kinder ich oft gehütet hatte, machte weitere Nachbarinnen auf meinen Verlust aufmerksam. Uns so geschahen weitere kleine Wunder. Alle diese Frauen brachten mir als Geschenk einige ihrer Bücher vorbei, und bald hatte ich mehr davon, als ich bei dem Brand verloren hatte. Nur ein Buch war unersetzlich, mein geliebtes und einziges Märchenbuch, das Herzstück meiner Märcheninsel, wie ich meine geheime Dachkammer nannte. Mein Buch mit den Märchen der Brüder Grimm, das mir mein Vater zu Weihnachten geschenkt hatte, hatte ich stets in der Truhe aufbewahrt. Doch diese Truhe gab es nun nicht mehr. Bald allerdings sollte sich herausstellen, dass mein Märchenbuch auf wundersame Weise verschont geblieben war. Mir ist entfallen, wo ich es

Auf zu neuen Horizonten

In Verbundenheit: meine großen Schwestern Friedl und Rösle, mein kleiner Bruder Hermännle und ich

An den Ufern der Alb

überraschenderweise auffand. Hatte es ausnahmsweise auf dem Tisch in der Küche gelegen, als der Angriff erfolgte, hatte ich es in der Schultasche vergessen, oder fand ich es an einem anderen Ort? Ich weiß es nicht mehr.

Mein Märchenbuch aus Kindertagen, ich besitze es noch heute. Wer hätte damals ahnen können, dass ich als mehrfache Großmutter und Urgroßmutter Jahrzehnte später auf meinem digitalen Kanal Twitch daraus vorlesen würde?

Schicksal, Zufall, Karma?

Freude!

Wie ich meine Angst verlor

DER GLAUBE AN SICH SELBST KANN BERGE VERSETZEN

Einmal saßen meine Stiefmutter, meine Schwester Friedl, mein kleiner Bruder Hermann und ich in der Wohnküche am großen Tisch. Meine Stiefmutter löste Kreuzworträtsel, Friedl strickte, Hermännle, der sehr talentiert war, malte, und ich las wie so oft in meinem unerschöpflichen Märchenbuch. Das Idyll wurde durch das Aufheulen der Sirenen gestört. Vollalarm – wieder einmal. Hermännle, der seit Kriegsbeginn immer in Angst lebte, rannte zum Kellereingang, wo unsere Notbeutel und unsere Gasmasken hingen. Er packte seinen Beutel, die Gasmaske und raste zur Tür hinaus, um im Bunker Schutz vor den feindlichen Bombern zu suchen. Die Stiefmutter, Friedl und ich folgten ihm mit eiligen Schritten. Friedl trug außer dem Beutel und der Gasmaske einen schweren Koffer mit verschiedenen Wertsachen und anderen wichtigen Utensilien. Doch ehe wir uns versahen, begann das Inferno. Friedl, die gerade das Haus verlassen hatte, ließ den Koffer auf den Stufen stehen und rannte mit unserer Stiefmutter Hals über Kopf davon. Ich nahm den Griff des Koffers, um ihn zum Bunker zu tragen. Die Bomben verursachten, wenn sie zu Boden fielen, um ihr vernichtendes Werk zu vollbringen, ein grauenhaftes Geräusch. Ein bedrohliches Pfeifen, das immer durchdringender wurde, je näher es kam. Angst, namenlose Angst erfüllte mich plötzlich von einer Sekunde auf die andere.

Den Griff des Koffers in der Hand stand ich da und war wie versteinert, gelähmt, wie das Kaninchen vor der Schlange. Ich war wie in einer Art Trance, unfähig, mich zu bewegen. Und ich war nicht imstande, einen klaren Gedanken zu fassen. Ich war in einem zeitlosen Raum eingeschlossen.

Dumpf nahm ich wahr, wie nicht weit von mir ein Sprengkörper explodierte. Ich bin mein Gefühl, dachte ich. Ich bin mein Verstand, ich bin die Angst – ich bin der Mut: »Entscheide dich jetzt, bevor es zu spät ist«, sagte eine innere Stimme zu mir. »Das, was du denkst, bestimmt dein Leben, in diesem Augenblick. Entscheide dich jetzt, oder lass zu, dass andere über dein Schicksal bestimmen.«

Diese Aussagen dachte ich natürlich nicht wortwörtlich, sie flogen mir in Form einer Art Eingebung zu, die ich nur schwerlich in Worte fassen kann. Es war eine Art Bildersturm, der auf mich einwirkte. Schlagartig wurde mir klar, dass ich nur noch wenige Momente zu leben hätte, würde ich nicht handeln.

»Ihr bekommt mich nicht!«

Hatte ich das gerufen, hatte ich das gedacht? Ein Ruck ging durch meinen Körper. Es war wie ein Befreiungsschlag, ich war zurück im Leben. Ich fasste den Griff des Koffers noch fester. Dann rannte ich los. Meine Rettung.

Ein Leben, frei von Angst, nun, das gibt es wohl nur im Märchen. So zum Beispiel in dem Märchen »Von einem, der auszog, das Fürchten zu lernen«. Der Held dieser Geschichte bedauert, dass er nicht weiß, wie sich Angst anfühlt. Um dies zu erfahren, zieht er in die Welt. Später im Leben ist mir eine Aussage des Filmemachers Ingmar Bergmann untergekommen. Er meinte, dass nur die Angst uns Menschen Grenzen setzt. Ein Gedanke, den ich gut nachvollziehen kann. Denn bis zum heutigen Tag habe ich keine Angst vor dem Tod mehr, ich glaube daran, dass mein Lebensende vorbestimmt ist. Ich war einige Male in meinem langen Leben dem Tod sehr nahe, doch ich hatte tatsächlich zu keinem Zeitpunkt Angst, sondern betrachtete die Umstände, die auf das Ende meines irdischen Daseins hindeuteten, stets mit ruhiger Gelassenheit. Wir haben alle einen großen Lebenswillen in uns. Rufen wir uns diese Kraft ins Bewusstsein, und wir können Berge versetzen. Es ist diese Kraft, die mich immer wieder nährt. Und diese Kraft kann uns allen zur Verfügung stehen.

Ein Himmel voller »Christbäume«

HOFFNUNG, ZUVERSICHT, GEMEINSCHAFT – NAHRUNG FÜR DIE EIGENE INNERE STÄRKE

Die Fahrt zur Schule wurde immer gefährlicher. Immer häufiger wurde Vollalarm gegeben, mittlerweile auch am hellen Tage. Vor einem dieser Angriffe rannte ich aus der Straßenbahn in den nächsten Wohnkeller, wo ich bei wildfremden Menschen Schutz fand und mich still meinem Schicksal ergab. In dem Stadtteil, in dem ich wohnte, war ich bereits Zeuge geworden, wie ganze Straßenzüge durch die Bomben zerstört worden waren, ich wusste also, in welcher Gefahr ich mich befand. Selbst die Luftschutzkeller in Mehrfamilienhäusern boten keine Gewähr dafür, dass man eine Bombardierung überlebte. So konnte ich mir nie sicher sein, ob der Angriff, den ich gerade ertragen musste, das Ende meines jungen Lebens bedeuten sollte. Meine Angst vor dem Tod hatte ich verloren, die Möglichkeit zu sterben nahm ich mit beinahe fatalistischer Gelassenheit hin. Dennoch, ich wollte leben, die Zeit, die mir auf Erden geschenkt war, mit allen Sinnen auskosten.

Nach der Entwarnung stieg ich wieder in die wartende Straßenbahn und fuhr zu meiner Schule, die im Zentrum der Stadt lag, nur wenige Hundert Meter entfernt vom Karlsruher Schloss. Doch auch hier saß ich wieder mit meinen Mitschülerinnen und den Lehrern die meiste Zeit im Keller. Die dünne Decke des Gebäudes erhöhte unser Vertrauen auf wirksamen Schutz vor dem Beschuss nicht.

Notdürftig, von einigen Haushaltskerzen beleuchtet, versuchten wir Kinder etwas zu lernen. Der Strom war schon lange ausgefallen, und wenn Vollalarm gegeben wurde und die Sprengbomben fielen, wackelte das ganze zweistöckige Gebäude, die Kerzen flackerten, und unsere steinalte Lehrerin erzählte uns von ihrer Jugend im 19. Jahrhundert. Diese Zeit erschien uns, angesichts der Gegenwart, die wir auszuhalten hatten, geradezu idyllisch und märchenhaft.

Manchmal ging unsere Lehrerin, wohl einer düsteren Eingebung folgend, mit einer Kerze in der Hand von Bank zu Bank, zog ihre Augenlider hoch und zeigte uns ihre halb blinden Augen. Dann hielt sie den Zeigefinger an ihren Mund, um uns zu bedeuten, dass wir über das Gesehene zu schweigen hätten. Wenn wir ihre stumme Geste mit einem Kopfnicken erwiderten, verteilte sie Apfelschnitze, um den unausgesprochenen Schwur zu besiegeln. Wir aßen die Apfelschnitze schaudernd.

Manchmal verließ die alte Dame unbemerkt den Raum und verschwand wie ein Spuk aus unserer Mitte. Ersetzt wurde sie durch einen unscheinbaren, melancholischen Religionslehrer, der, so erzählte man sich hinter vorgehaltener Hand, bereits einmal von der Gestapo verhaftet worden war. Nach Lagerhaft war er auf Bewährung zurück in den Schuldienst entlassen worden. Solche Dinge durfte man nicht laut von sich geben, das war bei Strafe verboten. Überall im Land warnten Schilder und Plakate: »Vorsicht, Feind hört mit!«

»Vorsicht, Warnung, Achtung, verboten« waren populäre Worte in dieser Zeit. Aber auf einen vorsichtigen Umgang mit den Seelen von uns Kindern wurde nicht geachtet. Warnungen diesbezüglicher Art wurden missachtet oder waren gar untersagt. Strafen, auch körperliche, waren an der Tagesordnung und hatten, ebenso wie die mahnenden Schlagworte, nur einen Zweck: Sie wollten Angst vermitteln.

Mein Vater war immer sehr erleichtert, wenn ich unversehrt von der Schule nach Hause kam. Von der unheimlichen Lehrerin mit ihren bizarren Anwandlungen erzählte ich nichts, sondern behielt dieses beklemmende Geheimnis für mich.

All die erschreckenden und unheimlichen Eindrücke des Tages begleiteten mich wie Schatten in den unruhigen Schlaf. Sie sorgten für vielerlei Albträume: Vielstimmiges Flüstern in dunklen Räumen, die näher kommenden dumpfen Einschläge der Sprengkörper. Das Flackern der letzten Kerze, bis auch diese erlosch. Ohnmacht. Erwachen.

Der nächste Morgen brachte keine Erlösung aus den nächtlichen Erscheinungen, sondern bestätigte die Gewissheit, dass Albtraum und Wirklichkeit auf gespenstische Weise miteinander verwoben waren. Es schien kein Entrinnen zu geben. Die Luftangriffe gingen weiter. Bei Tag und bei Nacht. Bevor das Bombardement begann, warfen die Alliierten Leuchtmittel ab, damit sie die Ziele im Dunkeln besser erkennen konnten. Diese Apparaturen leuchteten so hell, dass sie im Volksmund »Christbäume« genannt wurden. Aufgrund dieses Anblicks, verbunden mit den Detonationen, erfüllt mich das traditionelle Silvesterfeuerwerk noch heute mit unbestimmter Furcht. Die Hoffnung allerdings gab ich damals nicht auf, war doch ein guter Mensch an meiner Seite, der mir Vertrauen vermittelte, Zuversicht: mein Vater. Und da waren auch meine Geschwister, viele Nachbarinnen und Freunde. Liebe und Gemeinschaft trugen mich und nährten eine in mir wohnende Kraft. Eine Kraft, die mich in die Lage versetzte, auch anderen zu helfen. Es mag überraschen, doch trotz der ständigen Bedrohung, der wir uns durch die Luftangriffe ausgesetzt sahen, wuchs der Zusammenhalt innerhalb der Nachbarschaft. Gemeinsam wurden die Straßen vom Brandschutt geräumt, Trümmer beseitigt, auch wenn das eigene Haus nicht betroffen war. Man kümmerte sich um die Alten und Kranken, teilte Lebensmittel oder andere Dinge des täglichen Bedarfs, hütete gegenseitig die kleinen Kinder, munterte sich gegenseitig

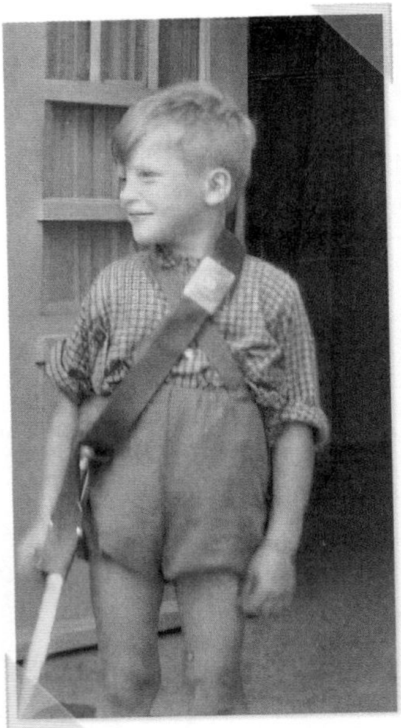

Mein Hermännle, der kleine Abenteurer

Die „Räuber" Erwin und Karl-Heinz

Mein großer Bruder Karl-Heinz in Grünwinkel

auf. Die gemeinschaftliche Hilfe war einzigartig, und zumindest in dieser Hinsicht hatten die Bombardierungen ihr Ziel verfehlt. Der soziale Zusammenhalt wuchs sogar. Die gleichen Erfahrungen haben übrigens damals die Betroffenen der deutschen Luftangriffe in England gemacht: Man war in der Not füreinander da.

Wie schön könnte die Welt sein, wären wir auch in Friedenszeiten so positiv eingestellt, wie ich es als Kind erlebt habe. Ist es materieller Überfluss oder ein falscher Ehrgeiz, der viele von uns in unserer Gesellschaft unbewusst zu Konkurrenten macht? Wohin soll es führen, das »Höher-Schneller-Weiter«? Es ist ein Wettlauf gegen die Angst, den Kürzeren zu ziehen. Dieser Wettkampf, den keiner von uns gewinnen kann, findet seinen Ursprung in unseren Köpfen, er ist eine Illusion. Lassen wir uns nicht einreden, wie es die Werbeindustrie stets propagiert, dass wir ein bestimmtes exklusives Produkt benötigen, damit wir glücklich sind. Wir brauchen auch kein künstlich aufgeplustertes Äußeres, kein PS-starkes Auto, keinen Luxusurlaub für Fotos, die wir auf Instagram oder sonst wo posten, um Anerkennung zu finden und uns selbst etwas vorzumachen. Wir müssen nichts und niemandem etwas beweisen, wir müssen uns nicht vergleichen. Lassen wir also diesen ganzen Stress und beginnen wir zu leben, zu lieben. Unseren Nächsten und uns selbst. Wir können jederzeit damit anfangen. Zum Beispiel jetzt in diesem Augenblick.

»Kinderland«

WAS MIR KRAFT VERLIEH: EIN INNERES IMAGINÄRES LICHT

Die Bombardierungen wurden immer häufiger, und irgendwann war nicht mehr daran zu denken, zur Schule zu gehen. Schließlich wurde den Eltern von staatlicher Seite angeboten, dass sie ihre Kinder auf freiwilliger Basis in Lager auf dem Lande schicken konnten, wo diese sicherer waren als in der Stadt. »Kinderlandverschickung« nannte man das. Hermännle und ich wehrten uns verzweifelt gegen diese Maßnahme, wollten nicht fort von unserem guten Vater, der mittlerweile sehr krank war und den wir abgöttisch liebten. Doch es gelang ihm, uns zu überzeugen, und so nahmen wir schließlich Abschied von ihm, von unserem Bruder Karl-Heinz, unseren Schwestern Rösle und Friedl, meiner Freundin Tusnelda und auch von der ungeliebten Stiefmutter. Zu unserem Kummer wurden Hermännle und ich in unterschiedlichen Lagern der Kinderlandverschickung untergebracht. Mein kleiner Bruder kam in ein Lager für Jungen nach Bad Rippoldsau, für mich war ein Mädchenlager in Raitbach im Schwarzwald vorgesehen. Beide Orte, die wir nicht einmal auf der Landkarte hätten finden können, waren unüberwindlich viele Kilometer von unserer Heimat entfernt, und in der Vorstellungskraft von uns Kindern trennten uns Welten vom Elternhaus.

Der Abschied war unsagbar schrecklich. Wir zwei Jüngsten waren ja, wie die Kinder aus dem Märchen »Brüderchen und Schwesterchen«, unzertrennlich gewesen. Gemeinsam hatten wir beide viele schöne Abenteuer erlebt, wir hatten zusammen gespielt und auch so manches Leid, so manche Gefahr überstanden. Jetzt hieß es plötzlich, Lebewohl zu sagen und auf ein Wiedersehen zu hoffen. Und so machten wir uns vaterseelenallein auf den ungewissen Weg in eine Welt, die zusehends aus den Fugen zu geraten schien.

Wir Mädchen aus der Stadt fuhren zunächst mit der Bahn bis nach Lörrach und dann weiter nach Hausen im Wiesental. Dort wurden wir von einem Knecht eines großen Raitbacher Hofes mit einem behäbigen Pferdebauernwagen abgeholt. Es ging bergauf durch eine sehr schöne Landschaft, und wir wurden sehr freundlich empfangen. Der ganze Wirtschaftskomplex, zu dem auch ein Gasthaus gehörte, war zu einem Kinderheim umgewandelt worden. Im großen Wirtshaus waren Tische gedeckt, und wir bekamen lange entbehrtes gutes Essen.

Wir Mädchen waren nach der langen Reise müde, und wir hatten schon jetzt Heimweh. Nach dem Essen wurden uns gleich unsere Zimmer gezeigt, die über die Gebäude verteilt waren. Viele Stufen hinauf, hoch unter dem Dach befanden sich mehrere Kammern mit schrägen Wänden. Drei der kleinen Zimmer waren für uns Neuankömmlinge gerichtet. Es gab darin je drei Betten, je drei Spinde, eine Kommode mit Waschschüssel, Wasserkrug und einen Schmutzwassereimer. Es war sehr eng.

Die letzten beiden Kammern am Ende des Flures hatten mich sofort neugierig gemacht, und ich fragte mich, wer sich darin wohl aufhalten mochte.

Kaum im Zimmer, begannen wir, uns auszuziehen. Ich holte mein Nachthemd aus dem Koffer mit den wenigen Habseligkeiten, die mitdurften. Als einziges Spielzeug hatte ich meine Puppe mitgebracht, die ich behutsam auf das Bett setzte, und mein geliebtes Märchenbuch, das ich in meinem Spind verwahrte. Wir wollten nur noch schlafen, abtauchen, vergessen, dass wir das Elternhaus verlassen hatten. Da wurde die Tür aufgerissen, unsere Führerin stürmte herein, herrschte uns an: »Morgen um 6.00 Uhr wird in diesem Stall Ordnung gemacht!« Sie sagte wortwörtlich »Stall«. Offensichtlich war sie der Auffassung, dass wir uns als Kinder auf der Stufe von Tieren befanden. Das war also das Willkommen – gebellte Befehle. Schlimme Ahnung beschlich uns, dann fielen wir in einen tiefen traumlosen Schlaf. Und am nächsten Morgen pünktlich um 6.00 Uhr in der Früh, wir schliefen noch tief, schrillte eine Trillerpfeife. Die Führerin stürmte wieder herein, riss uns die schweren Federbetten weg und brüllte: »Morgenappell!«

Dies wurde nun alltägliche Routine: Morgens um 6.00 Uhr Wecken, Morgentoilette, das Abwasser in den schweren Eimern die vielen Stufen hinuntertragen in den Hof, wo auch die Klosetts waren. Dann fegen, abstauben, die Spinde säuberlich einräumen, die Betten einwandfrei – Kissen, Decke, Kante auf Kante ausgerichtet. Die Stubenälteste, das war leider ich, war für alles verantwortlich. Wenn schließlich die Führerin kam, wurde sie strammstehend mit den Worten begrüßt: »Stube 2 bereit zum Morgenappell.«

Dann sauste sie durch die Kammer, prüfte mit dem Finger alle Möbelstücke nach Staub, inspizierte die Betten, die Wäschefächer. Oft wischte sie mit einer Handbewegung die Wäsche aus dem Schrank, wenn sie ihrer Ansicht nach nicht Kante auf Kante dort lag. Dann musste alles von Neuem eingeräumt werden, wir mussten uns beeilen, sonst war das Frühstück vorbei, und erst um 13.00 Uhr gab es das Mittagessen. »Kinderland«.

Das Essen allerdings war tatsächlich wunderbar und reichlich, dafür sorgte die erfrischend freundliche Wirtin, die von ihrer Tochter, einer Köchin und einer Magd unterstützt wurde. Die Männer waren alle im Krieg. Den kleinen Jungen der Tochter, das Wilhelmle, haben wir Mädchen alle sehr geliebt.

Mein innig geliebter Vater

Dann war bis 12 Uhr Unterricht, der von einer pensionierten Lehrerin geführt wurde. Freistunde. Mittagessen. Danach machten wir die Hausaufgaben und wurden dann in die Freizeit entlassen. Wir schrieben Briefe, spielten oder pflegten unsere Kleidung. Mitunter machten wir auch Wanderungen durch die schöne Gegend. Nach dem Abendessen ging es früh zu Bett. Einen Wunsch zur guten Nacht gab es von der Führerin nicht, schon gar kein Märchen.

Das alles war für mich fremd und anstrengend. Ich vermisste den Gedankenaustausch mit meinem Vater, seine Zuneigung und die Möglichkeit, mich in meine eigene Welt zurückzuziehen. Hier im Kinderheim war man ständig unter Aufsicht, alles war durchorganisiert, Raum für Individualität gab es nicht. Das Erziehungsziel war Gehorsam, Unterordnung und Kritiklosigkeit. Zu Hause war ich in liebevoller Freiheit aufgewachsen, hier fühlte ich mich unter all den Menschen verloren. Auch den anderen Kindern ging es so. Margot schlüpfte jede Nacht in mein Bett, weinte und weinte und musste getröstet werden. Obwohl auch ich mich traurig und verlassen fühlte, erwachte in mir eine kleine Flamme des Widerstands: »Euch zeige ich es, mich besiegt ihr nicht!« Angst empfand ich nicht, die hatte ich bereits während des besagten Bombenangriffs verloren. Einsamkeit umschloss mich, und dennoch fühlte ich mich auf wundersame Weise unbesiegbar. Abends, wenn ich im Bett lag, entzündete ich in Gedanken eine Kerze. Und in Gedanken erfreute ich mich an dem Licht, es machte mir Mut. In Gedanken war ich frei.

Allmählich lebten wir Mädchen uns ein, freuten uns über das Gute – den Kontakt mit Tieren, die neuen Freundschaften, die Nächte ohne Bomben und einen tiefen erholsamen Schlaf. So überstanden wir den Drill und das Heimweh und warteten auf die Heimkehr zu unseren Lieben.

Einmal, als wir noch in unseren Betten lagen, hörte ich Schritte im Flur. Schlaftrunken, es muss etwa gegen 5.00 Uhr gewesen sein oder noch früher, schlich ich zur Tür und öffnete sie einen Spalt. Ich blickte vorsichtig hinaus. Eine der Kammertüren war geöffnet, im Flur stand ein großer blonder Mann. Ein weiterer Mann von kleiner Statur und mit dunklen Haaren verließ die Kammer und schloss die Tür. Beide Männer trugen Knechtskleidung. Aus der danebenliegenden Kammer erschien kurz darauf eine untersetzte blonde Frau, die von einer mageren dunkelhaarigen begleitet wurde. Alle vier gingen die Treppe hinunter. Niemand bemerkte mich. Lautlos schloss ich meine Tür und legte mich nachdenklich wieder zu Bett.

Am kommenden Tag beschäftigte mich das nächtliche Erlebnis, denn ich konnte mir keinen Reim auf die geheimnisvollen Menschen machen, die ich auf dem Hof noch nie gesehen hatte. So beschloss ich, am nächsten Morgen zeitiger aufzuwachen. Einen Wecker besaß ich nicht, und wenn, hätte er die anderen Kinder auf meiner Stube zu früher Stunde aus dem Schlaf gerissen. Es gelang mir aber tatsächlich, eher aufzuwachen, und so schlich ich wieder auf Zehenspitzen zu der Tür. Diesmal öffnete ich sie ein klein wenig mehr, um besser sehen zu können, welches Schauspiel sich mir bieten würde. Die beiden Männer, die wortlos, mit gesenkten Köpfen durch den halbdunklen Gang schritten, sahen mich nicht. Die dunkle magere Frau jedoch warf mir, als sie mich erblickte, einen bösen Blick zu und hastete zur Treppe. Die andere, die mollige blonde Frau jedoch lächelte mich sanftmütig an, hob kurz den Zeigefinger zum Mund und ging dann ebenfalls die Treppe hinunter.

Am nächsten Morgen geschah das Gleiche. Allerdings blieb die mollige Frau dieses Mal etwas zurück und begann mit mir flüsternd in gebrochenem Deutsch ein Gespräch. So erfuhr ich, dass sie Marusja hieß und dass sie alle vier zwangsverpflichtete Fremdarbeiter aus Osteuropa waren. Wir hatten nur Minuten, aber jeden Morgen sprachen wir nun leise miteinander, was uns beide recht beglückte.

Eine stille Ahnung beschlich mich. Sollten das etwa die »bösen« Menschen sein, vor denen wir in der Schule und im Kinderlager immer gewarnt wurden, unsere Todfeinde? Die Begegnungen mit der freundlichen Ukrainerin ließen mich nachdenklich zurück, etwas in mir war in Bewegung geraten. Wie konnte unsere Führerin, die auf der vermeintlich richtigen Seite stand, so kaltherzig und grausam sein, die verfemte Zwangsarbeiterin dagegen mir so zugetan? Wie im Märchen – so scheint es mir heute – sind Gut und Böse auch in der Wirklichkeit nicht immer gleich auf den ersten Blick voneinander zu trennen.

Erst viel später wurde mir klar, dass sich meine heimliche Freundin in große Gefahr gebracht hatte, denn der Umgang von Zwangsarbeitern mit Deutschen war strengstens verboten. Aber dafür reichte mein kindlicher Horizont damals noch nicht. Lange sollte meine neu gewonnene Freundschaft allerdings nicht dauern, denn nach kurzer Zeit musste ich das Kinderlager verlassen, und die geheimen Treffen mit Marusja fanden ein jähes Ende. Der Grund: Die anderen Mädchen waren Volksschülerinnen, ich jedoch hatte eine höhere Schule besucht. So musste ich umziehen, ein gutes Stück rauf auf den Berg, nach Schwaigmatt. Und so entfernte ich mich schweren Herzens noch weiter von meiner Heimat, von meinem Elternhaus.

Im Märchenwald

MEINE LEBENSENTSCHEIDUNG: KEIN KALTES HERZ SOLLTE IN MIR WOHNEN

Die Unterbringung hier oben im neuen »Kinderland« war wohnlicher, der Unterricht ausgezeichnet, und es gab mehr Freiheit in der persönlichen Lebensgestaltung. Der große Wald, der den Ort umgab, war wunderbar, beinahe märchenhaft, und regte meine Fantasie an. Abgesehen von meiner Sehnsucht nach zu Hause, die mich immer wieder beschlich, war alles gut. Ich hatte ja auch noch immer mein unerschöpfliches Märchenbuch und konnte mich nun auch in die Natur retten. Ein Freiraum, der mich fast glücklich machte.

Hier war er fern, der Krieg, den die Erwachsenen uns Kindern zumuteten. Jeder Schritt in den Wald war ein weiterer Schritt zu mir selbst. Hier konnte ich wieder ganz bei mir und meinen Träumen sein.

Das Märchen »Das kalte Herz« von Wilhelm Hauff spielt im Schwarzwald, und es passte nur zu gut in die Zeit, in die ich hineingeboren worden war. Die Geschichte handelt von einem jungen Mann, Peter Munk, der mit seinem Leben als Köhler unzufrieden ist. Um alle seine materiellen Wünsche zu erfüllen, lässt er sich schließlich auf einen bösen Zauberer ein, den Holländermichel, der als Preis für seine Hilfe Peters Herz einfordert. 100 000 Taler bekommt Peter Munk für sein Herz, das er gegen einen kalten Stein eintauschen muss. Doch damit beginnt Peter Munks Leidensweg. Er kann keine Freude mehr empfinden, er verdient seinen Lebensunterhalt durch Wucher und schreckt bald

Obenauf – Akrobatik auf den Albwiesen

Gruppenbild mit Kapelle:
Ich, Rösle und Hermännle

auch vor Totschlag nicht zurück. Mithilfe des guten Glasmännchens bereut Peter schließlich seine Missetaten, und er erhält sein Herz zurück.

Ich stellte mir vor, dass auch ich dem guten Glasmännchen begegnen würde, und hielt nach entsprechenden Wurzeln Ausschau, zwischen denen es sich gerne tummelte.

Meine Spaziergänge waren wie luzide Träume, in denen man alles selbst bestimmen kann, Welten zwischen Traum und Wirklichkeit. Der böse Holländermichel, so beschloss ich, sollte mir nicht begegnen. Der war in der Welt der Erwachsenen zu Hause, schließlich hatten diese die Welt aufgrund ihres fehlgeleiteten Ehrgeizes in die Katastrophe gestürzt. Die Erwachsenen wollten die äußere Welt erobern und unterwerfen, anstatt sich um ihre innere Welt zu kümmern. Der Krieg tobte fast überall, das kalte Herz hatte die Welt fest im Griff. In meinem Herzen sollte keine Kälte herrschen, so wünschte ich mir, und sehnte den Frieden herbei.

Hätte mir das Glasmännchen wie im Märchen drei Wünsche freigegeben, so wäre der sofortige Frieden mein erster Wunsch gewesen. Ich hätte mir ferner gewünscht, dass ich wieder zurück bei meinen Lieben zu Hause sein durfte, und ich wollte wieder auf meiner Wiese in Grünwinkel liegen. Den Blick in den Himmel gerichtet, Wolken ziehen vorüber. Versinken im Augenblick. Wie hatte einst Theodor Storm geschrieben: »Darum liebe ich die Kinder, weil sie die Welt und sich selbst noch im schönen Zauberspiegel ihrer Fantasie sehen.«

Abschied folgt auf Abschied

JEDEN MENSCHEN IN SEINER EINZIGARTIGKEIT WERTSCHÄTZEN – MEINE IN SCHWIERIGEN ZEITEN GEWONNENE EINSICHT

Bald musste ich feststellen, dass der Krieg eine Eigendynamik hatte, der man sich nicht entziehen konnte. Es kam eine Zeit, in der das Wünschen und das Träumen nicht mehr halfen.

Eines schrecklichen Tages, es war der 23. Februar 1945, brach das Schicksal über Pforzheim herein, das die Stadt bis zur Unkenntlichkeit entstellen sollte. Um 19.45 Uhr gaben die Sirenen Vollalarm, eine englische Bomberstaffel warf in den nächsten 22 Minuten ihre tödliche Last über der Stadt ab. In diesen wenigen Minuten verloren etwa 17600 der 80000 Einwohner ihr Leben. 98 Prozent der Stadt wurden zerstört. Das war mehr, als die verheerenden Luftangriffe in Hamburg oder Dresden angerichtet hatten. Abgesehen von den Verlusten an Menschenleben war eine wunderschöne Stadt vernichtet worden. Fachwerkensemble, Jugendstilgebäude, Gründerzeithäuser, Kunstwerke. Eine der schönsten Städte des Südwestens war unwiederbringlich zerstört.

Jedes der Mädchen unseres Kinderheims, die abgesehen von mir alle aus Pforzheim kamen, hatte den Verlust von mindestens einem Familienmitglied zu beklagen. Einige jedoch hatten sämtliche Angehörige verloren, ihr Zuhause, ihre Heimat. Jammer, Weinen, Verzweiflung überfiel uns, es ist kaum in Worte zu fassen. Agonie.

Das Leben, das nun weiterging, weitergehen musste, vollzog sich, als wäre es von einem grauen Schleier verhangen. Freudlos. Wir funktionierten nur noch.

Eines Tages machte eine Kompanie deutscher Soldaten bei uns halt. Die Heimleitung bereitete ihnen ein Festmahl, sie blieben eine Nacht. Wir Kinder dachten, dass sie den Franzosen entgegenzögen, aber wie wir bald erfuhren, waren sie auf dem Rückzug. Das unaufhörliche Gerede vom sogenannten »Endsieg« sollte uns nur glauben machen, dass die Opfer, die wir alle brachten, nicht umsonst wären. Der Triumph über die Feinde, so wurde uns vermittelt, sei uns letzten Endes, würden wir weiterhin durchhalten, gewiss. Manche glaubten daran – bis zum bitteren Ende.

Wir Kinder wurden, bald nachdem die Soldaten weitergezogen waren, angehalten, unsere Koffer zu packen. Im großen Hof des Lagers wurde ein riesiges Feuer entzündet, und wir mussten singend die Flammen, die gen Himmel schlugen, umrunden. Dabei warfen wir unsere Jungmädchenuniformen, die Hitlerbilder und Hakenkreuzfahnen des Lagers ins Feuer. Am Tag darauf verschwanden unsere Führerinnen und die Lagerleiterin und überließen uns Mädchen im Alter von sechs bis 14 Jahren unserem Schicksal. Der Staat zerfiel zusehends. Hilfe war von den Erwachsenen nicht zu erwarten. Wieder einmal. Und so mussten wir Mädchen uns schutzlos zu Fuß auf den Weg nach Hause machen – oder zu dem, was davon noch übrig geblieben war.

Ich hatte lange Zeit bei drei Frauen in Schönau, das nur ein paar Kilometer von meinem Kinderlager entfernt war, an Samstagen einen sogenannten »freiwilligen Kriegseinsatz« gemacht. Zu gerne wäre ich mit meinen Freundinnen gegangen, die Sehnsucht nach meinem Vater und meinen Geschwistern verzehrte mich. Doch die Lagerleiterin hatte mir kurz vor ihrer Flucht ein Bündel Reichsmark in die Hände gedrückt und mich zu den Frauen in Schönau abkommandiert. Ich gehorchte, aus heute nicht mehr nachvollziehbaren Gründen, dem Befehl.

Die drei Frauen nahmen mich auf, freuten sich über das Geld, gaben mir eine kleine Kammer und viel Arbeit im Haushalt. Dann kamen die Franzosen, und die Frauen mussten zehn Soldaten und einen Leutnant bei sich aufnehmen. Vor der Einquartierung erfüllte plötzlich geschäftiges Treiben das Haus. Gegenstände wurden weggeräumt, Bilder wurden abgehängt und in Jutesäcken verstaut. Ich maß dieser Betriebsamkeit, die ich nicht einordnen konnte, keine größere Bedeutung bei. Erst später sollte ich erfahren, welche Konsequenzen dieser Umtrieb für mich haben würde. Die Gegenstände, die die drei Frauen entfernt hatten, verstauten sie in einem kleinen Verschlag neben dem Haus. Ich bekam den Auftrag, die Säcke mithilfe eines Leiterwagens an den nahen Fluss zu bringen und sie dort zu versenken. Fragen sollte ich ihnen nicht stellen, machten sie unmissverständlich klar, sondern meine Pflicht tun. Doch die französischen Soldaten bezogen früher als erwartet ihr Quartier, und die rätselhafte Unternehmung mit dem Leiterwagen und seiner mysteriösen Fracht wurde von den drei Frauen auf unbestimmte Zeit verschoben. Schließlich, an einem Tag, der den drei Frauen günstig erschien, wurde ich aufgefordert, den geheimnisvollen Auftrag auszuführen.

Auf der großen Wiese vor unserem Haus lagerte der Trupp französischer Soldaten. Am Rande der Wiese war auch ein junger Offizier, der mir zuvor schon unangenehm aufgefallen war, hatte er doch anscheinend ein Auge auf mich geworfen. Er schien mich zu verfolgen wie ein Schatten. Sein aufdringliches

Verhalten bereitete mir Unbehagen, es verstörte mich, und ich versuchte, ihn zu ignorieren. Dennoch, ich hatte keine andere Wahl, ich musste den Anweisungen der drei Frauen gehorchen, und als ich mit meinem Leiterwagen dahergerattert kam, pfiffen und riefen die Soldaten. Einer sprang vor mich hin, lachte und versperrte mir feixend den Weg. Ich rief wütend: »Geh weg, Canaille«, das einzige französische Schimpfwort, das ich kannte.

Er hörte nicht auf zu lachen und wiederholte mit offensichtlicher Erheiterung das Wort, das ich in Unkenntnis der französischen Sprache »Kanallje« ausgesprochen hatte. Man kann sich vorstellen, dass mir nach den schlimmen Dingen, die ich in meinem kurzen Kinderdasein erleben musste, der Sinn für heitere Gelassenheit abhandengekommen war. Schließlich machte der Soldat den Weg wieder frei, und ich konnte mit meiner Ladung, von deren Inhalt ich noch immer nichts ahnte, weiterziehen. Ich ließ die Wiese mit den Soldaten hinter mir und kam endlich an den Fluss, wo ich alles versenken sollte. Von Neugier erfasst, wollte ich nun doch sehen, was sich in den Säcken befand. Ich löste eine der Schnüre, und zu meinem Entsetzen erblickte ich eine Hitlerbüste aus Bronze. Daneben lagen weitere NS-Devotionalien sowie Fotos von Männern in Militäruniform, vermutlich Angehörige der drei Frauen. In meiner kindlichen Naivität hatte ich diese belastende Fracht durch die Soldatengruppe gezogen. Schlagartig wurde mir klar, dass mich die drei Frauen für dieses Unterfangen missbraucht hatten und ich mich unwissend in große Gefahr begeben hatte. So schnell ich konnte, lud ich die Säcke von dem Leiterwagen und versenkte die Beweismittel im Wasser.

Entsetzt über die Erkenntnis, was mir hätte zustoßen können, und enttäuscht wegen des skrupellosen Verhaltens der drei Frauen, saß ich an der Böschung des Flusses und weinte. Bis ich ein Rascheln im Gebüsch hörte. Ich fuhr auf, und im nächsten Moment sah ich mich einem mir unbekannten französischen Soldaten gegenüber, der mir wohl heimlich gefolgt war. Ehe ich reagieren konnte, stürzte er sich auf mich, riss mir einen meiner Ohrringe aus. Doch er hatte weit üblere Absichten, als mich zu berauben. Ich wehrte mich verzweifelt, wie sich eine Dreizehnjährige gegen einen starken erwachsenen Mann wehren kann. Hoffnungslos.

Bevor mir das Schlimmste widerfahren konnte, hörte ich plötzlich barsche Rufe. Der Soldat, der sich an mir vergehen wollte, wurde zurückgerissen. Unversehens reckte er die Hände in die Höhe, er sah sich seinem Vorgesetzten gegenüber, der ihn mit gezogener Pistole bedrohte. Es war der junge Offizier, der mich seit geraumer Zeit beobachtet und der mich offensichtlich auch heute wieder beschattet hatte. Der Leutnant herrschte seinen Untergebenen an, ich verstand natürlich kein Wort. Dann wandte er sich an mich. In gutem Deutsch versicherte er mir, dass der Mann verhaftet sei und ich nichts mehr zu befürchten habe. Er wies mich an, mitzukommen. Der Soldat wurde abgeführt, ich folgte den beiden schluchzend mit meinem Leiterwagen.

Abends saßen der junge Leutnant und ich gemeinsam auf der Treppe des Hauses. Zuerst schweigend, dann fragte ich ihn zaghaft, warum er mich gerettet hatte, obwohl ich ihm gegenüber immer so abweisend gewesen war. Und er sagte: »Ich habe eine kleine Schwester wie dich zu Hause. Ich wollte dich beschützen. Es ist Krieg. Überall gibt es Gute und Böse.« Und wieder wuchs die kleine Flamme der Erkenntnis über die Wirklichkeit des Lebens in mir.

Die Franzosen zogen schließlich weiter. Das Geld, das ich mitgebracht hatte, war verbraucht, man wollte mich loswerden. Die drei Frauen besorgten hoch oben im Schwarzwald eine Stelle für mich. Es schien, dass ich mich immer noch weiter von meinem Zuhause entfernte. Doch ich war froh, von den drei missgünstigen Frauen fortzukommen.

In einem großen Wirtshaus mit Bauernhof sollte ich gegen Kost und Logis arbeiten. Ich wurde sehr liebevoll aufgenommen, konnte mich satt essen, bekam ein schönes Zimmer, schlief tief bis zum nächsten Morgen. Nach dem traumhaften Frühstück zeigte mir die junge Wirtin den großen Garten, den ich versorgen sollte. Wir wussten beide, dass ich das allein nicht würde schaffen können. Ich war noch ein Kind, abgemagert, ohne gärtnerische Kenntnisse. Schweren Herzens, sie war sehr mitleidig, besorgte sie mir eine neue Stelle bei einem alten Ehepaar auf einem kleinen Bauernhof, und mein Weg führte mich abermals weiter weg von der Heimat.

Die alten Leute hatten schon ein neunjähriges Waisenkind aufgenommen. Wir Kinder mussten schwer arbeiten. Das Essen war einfach und gut, aber die Hygiene entsetzlich. Mann und Frau, beide weit über die 70, hatten zusammen eine winzige Waschschüssel, ein Handtuch, einen Waschlappen, eine Zahnbürste. Gegessen wurde aus einer einzigen Schüssel, die im Tisch eingelassen war und in die die Speisen, meist Kartoffeln, eingefüllt wurden. Jeder von uns bekam einen Löffel, und ich sah zu, dass ich mit meinem Löffel nicht das Essen oder den Löffel der anderen berührte. Als Stadtkind war dieses Leben für mich ein Kulturschock.

Ich fühlte mich geradezu wie aus der Zeit gefallen, als hätte ich eine Zeitreise in ein anderes Jahrhundert vollzogen, in dem so manches Märchen gespielt haben mochte. Diese verwunschene Kargheit jedoch war mir zu viel der Romantik. Mich schauderte.

Der Bauer war sehr grob mit Maria, dem Waisenmädchen.

Meine elegante Schwester Rösle
mit Hund

Oft trommelte ich auf seinen Rücken und schrie: »Ist das deine Nächstenliebe?« Ich hatte keine Angst vor ihm.

Maria und ich schliefen in der zugigen Dachkammer, wo viele geräucherte Speckstücke von der Decke hingen. Schlaraffenland. So nah und doch so fern. Obwohl wir oft Hunger hatten, trauten wir uns nicht, die Speckschwarten auch nur anzurühren. In der Kammer standen zwei große Betten mit dicken Federkissen. Meist aber schlüpfte Maria in mein Bett, wo ich sie mitleidig in die Arme nahm und tröstete.

Manchmal gelang es mir, Marias Kummer zu lindern, indem wir mit meiner Puppe spielten oder ich ihr ein Märchen vorlas, in dem das Gute siegte. Maria mochte am liebsten »Hänsel und Gretel«, und oft schlief sie entspannt in meinen Armen ein. Und das beglückte auch mich.

Eines Tages, Maria und ich gingen spazieren – eine freie Zeit, die ich vom Bauern erzwungen hatte –, kamen wir auf eine Weide. Eine Kuhherde graste friedlich, ein Junge lag in einer Kuhle, es war der Hirte. Ich erfuhr, dass auch er in einem Kinderlager gewesen war. Auch er war bei groben Leuten untergekommen, und er plante seine Flucht. Er hieß Hans. »Und du bist wohl die Gretel?«, sagte er freiheraus. Der Junge war mir sogleich sympathisch, kannte er sich doch mit Märchen aus. »Hänsel und Gretel verirrten sich im Wald«, sagte ich. »Und ich heiße Helga. Und ein Lebkuchenhaus gibt es hier auch nicht.« Aber es stimmte schon irgendwie, wie Hänsel und Gretel waren wir beide fern der Heimat. Eine böse Hexe gab es zwar nicht, aber grobe Bauersleute, die uns Kindern einiges abverlangten.

Nun, da ich Hans gefunden hatte, trafen wir uns öfter heimlich, und eine liebevolle Freundschaft entstand. Wir schmiedeten Pläne für eine gemeinsame Zukunft in einer heilen und hellen Welt. Sobald die Zeit dafür reif wäre, wollten wir gemeinsam fliehen. Hans begann sogar schon, Vorräte anzulegen.

Eines Tages saß ich hinter dem Haus, hütete die neu geschlüpften Küken – es gab hier Raubvögel –, stopfte die Socken vom Bauern und hatte Heimweh. Meine Heimat war hier oben in der Abgeschiedenheit ferner denn je, unerreichbar. Es gab nicht einmal ein Postamt. Das hätte mir aber ohnehin nichts genützt. Ich hatte ja kein Geld für einen Briefumschlag oder eine Briefmarke. Ich fühlte mich, als sei ich in einer Zeitkapsel eingeschlossen. In Gedanken träumte ich mich nach Hause, zu meinem Vater, meinem Bruder Karl-Heinz, meiner Schwester Rösle, zu Friedl. Auf einmal hörte ich die Stimme von Rösle:

»Helgele!«

Ich dachte: »Nun wirst du verrückt!«

Wieder: »Helgele!«

Ich blickte zum Gartenzaun. Dort stand tatsächlich meine große Schwester Rösle, ich traute meinen Augen nicht, sie war es wirklich! Ich rannte ihr entgegen, während sie über den Zaun stieg, und fiel ihr in die Arme. Nicht zu beschreiben, dieser Augenblick! Glückseligkeit. Rösle hatte den weiten Weg auf sich genommen, zu Fuß und per Anhalter, um mich zu finden. Als junge Frau war dies in jenen Tagen eine gefährliche Unternehmung.

Schnell brachten wir die Küken in den sicheren Stall, dann gingen wir ins Haus. Die Bauersleute standen starr da, als sie Rösle erblickten, die trotz der Strapazen, die sie hinter sich hatte, einen eleganten und selbstsicheren Eindruck machte. Rösle, die Städterin, schien für sie aus einem anderen Universum zu kommen. Und so war es wohl tatsächlich.

In der Nacht lag ich eng an meine große Schwester geschmiegt in dem großen Bett und konnte mein Glück kaum fassen. Am nächsten Tag, es war ein Sonntag, zog ich die schönen Kleider an, die Rösle zu Hause für mich genäht hatte, und wir gingen zusammen in die Kirche, wo wir von den Anwesenden angestaunt wurden. Nachmittags schließlich gingen wir zur Viehweide zu meinem Freund Hans, von dem ich ihr erzählt hatte. Rösle musste ihm eröffnen, dass sie ihn nicht mitnehmen könne, sie wäre froh, wenn sie mich heil heimbringen könne. Ich war am Boden zerstört. Hans, der schon alles zur Flucht vorbereitet hatte, meinen besten Freund wollte sie zurücklassen? Ich weinte, flehte, aber sie ließ sich nicht erweichen. Ich werde Hans' Blick nie vergessen, als ich an der Hand meiner großen Schwester vor ihm stand und gezwungen war, ihn zurückzulassen. Ich fühlte mich als Verräterin. Ein letztes Mal trafen sich unsere Blicke. Dann ging ich aus seinem Leben. Lebe wohl, Hans.

Am nächsten Tag gab uns die Bäuerin einen großen Laib Brot. Rösle schnitt heimlich ein großes Stück Schinken in der Dachkammer ab. Dies, so meinte sie, sei als Lohn für meine harte Arbeit auf dem Bauernhof weniger als gerecht.

Wir nahmen Abschied. Maria weinte bitterlich, klammerte sich an mich. Nun war sie wieder allein, dem hartherzigen Bauern ausgeliefert. Ich schenkte Maria meine Puppe und riss mich los. So viele Abschiede in meinem jungen Leben – endgültige Abschiede.

Keine Frage, es war in vielerlei Hinsicht eine harte Schule gewesen, durch die ich gegangen war. Ich war ja damals noch ein Kind. Ein Lebensabschnitt, in dem man die Vorgaben der Erwachsenen nicht infrage stellte, gerade in Zeiten, in denen Unterordnung und Kritiklosigkeit als Tugend dargestellt wurden. Doch durch die Begegnungen und die zum Teil verstörenden Erlebnisse mit anderen Menschen, zum Beispiel mit Marusja, den drei Frauen oder dem französischen Leutnant, war mir klar geworden, dass das Leben komplexer war, als man es uns Kindern hatte weismachen wollen. Es kam nicht darauf an, welcher Nation man angehörte, welche Sprache man pflegte oder woher die Vorfahren kamen. Vorurteile bringen uns nicht weiter. Ich hatte für mich entschieden, dass es sinnvoller ist, jeden Menschen und seine jeweiligen Motive individuell zu betrachten. Letztendlich kommt es auf die Lebenseinstellung eines jeden von uns an.

Meine Zeit fern der Heimat, sie hatte mich näher zu mir gebracht. Ich hatte einen neuen Blick auf die Welt gewonnen.

Heimkehr aus der Fremde

WER EIN ZIEL VOR AUGEN HAT, KANN DURCHHALTEN

Rösle und ich wanderten den langen Weg von der Einöde im Hochschwarzwald, wo ich bei Kriegsende gelebt hatte, nach Schönau. Unterwegs dachte ich zurück an meinen Freund Hans, und ich dachte an meinen Vater, der gewiss mit großer Sorge zu Hause auf uns wartete.

Zwar war ich nicht wie Hänsel aus dem Grimmschen Märchen von einer Hexe in einem Käfig gehalten worden, doch ich war froh, aus dem Gefängnis meiner Machtlosigkeit entkommen zu sein, in das mich die Erwachsenen in der Fremde gesperrt hatten.

Rösle hatte alle Papiere für mich besorgt, schließlich mussten wir später von der französischen in die amerikanische Besatzungszone wechseln, zu der Karlsruhe mittlerweile gehörte. In Schönau war ein Auffanglager für Vertriebene aus dem Elsass, das nun wieder französisch war. Eigentlich hatten wir keine Berechtigung, dort unterzukommen, aber die Leiterin hatte Mitleid mit uns und nahm uns auf. Überfüllte Säle, Stockbetten, geschäftiges Treiben, aber immerhin wartete ein einfaches Essen auf uns. Nach einigen Tagen kam ein offener Lastwagen, der die Flüchtlinge nach Lörrach fahren sollte. Darauf, hier mitzufahren, hatten wir ebenfalls keinen Anspruch, wurden aber – erneut aus Mitgefühl – mitgenommen. Kopf an Kopf standen wir dort auf der Ladefläche, und Rösle und ich ertrugen geduldig die ungemütliche Fahrt. Wir hatten ja ein Ziel, unsere Heimat. Doch die war noch fern.

In Lörrach schließlich wartete ein Zug mit offenen Waggons auf uns. Wiederum Kopf an Kopf stehend, legten wir die Strecke über Offenburg nach Karlsruhe in langsamem Tempo zurück. Eine Möglichkeit zum Ausruhen, der Gang auf eine Toilette gar waren ausgeschlossen.

Nach mehreren Stunden kamen wir, nahezu am Ende unserer Kräfte, in Karlsruhe an. Doch unsere Reise war noch immer nicht zu Ende, wir mussten ja den Weg vom Bahnhof zu unserem Vorort noch zu Fuß zurücklegen.

Meine Heimatstadt war eine Trümmerlandschaft. Die einst schöne und blühende Stadt war zerstört. Ganze Stadtteile waren ausradiert. Das Schloss, der Marktplatz mit seinen neoklassizistischen Gebäuden, das Rathaus und die Stadtkirche lagen in Schutt und Asche. Die zum Teil noch erhaltenen Säulen erinnerten an das antike Forum Romanum in Rom. Meine Oberschule stand nicht mehr, sie war bis auf die Grundmauern abgebrannt. Schweigend durchquerten wir die Ruinen. Nur vereinzelte Häuser und Straßenzüge waren wie durch ein Wunder vom Bombenhagel verschont geblieben. Schließlich erreichten wir Grünwinkel, Zerstörungen auch hier, aber unser Reihenendhaus stand noch. Die letzten Meter rannten wir, ich klingelte Sturm.

Vater öffnete die Tür. Alt, krank, tief gebeugt. Doch das Leuchten in seinen Augen, als er mich erblickte … Umarmung. Weinen. Unbeschreiblich.

Wir saßen in der Wohnküche. Wie oft waren wir hier alle beisammen gewesen, hatten musiziert, gelacht, geredet, Vater hatte vorgelesen. Erinnerungen. Vorbei.

Von der Lebensfreude unserer einst glücklichen Familie war nicht viel übrig geblieben. Meine Brüder Alfred und Lothar tot, meine Schwester Friedl schwer krank, ebenso ihr Mann, der jüngst gebrochen aus russischer Gefangenschaft zurückgekehrt war. Karl-Heinz war ebenfalls aus der Gefangenschaft entlassen worden, in die der Junge aufgrund unglücklicher Umstände geraten war. Erwin hatte sich von Lüneburg zu Fuß nach Hause durchschlagen können. Auch mein kleines Hermännle hatte als Achtjähriger vom aufgelösten Kinderlager den Weg auf abenteuerlicher Reise zu Fuß zurückgefunden. Er war unterwegs von einem Hofhund gebissen worden. Ein Hausbesitzer, bei dem der ausgehungerte Junge um etwas zu essen gebeten hatte, hatte seinen Schäferhund auf ihn gehetzt. Verletzt und fiebrig umherirrend, lasen ihn schließlich französische Soldaten auf der Landstraße auf. Sie versorgten ihn in einem Feldlazarett und brachten ihn dann in einem Militärfahrzeug nach Hause.

Lange saß ich auf Vaters Schoß, die Arme fest um ihn geschlungen. Meine Stiefmutter hockte teilnahmslos daneben. Schließlich fragte ich nach Tusnelda, meiner geliebten zahmen Gans. Schweigen.

»Die Tusnelda haben die Franzosen aufgegessen«, sagte Hermännle schließlich. »Aber nicht die, die mich nach Hause gebracht haben.«

Ein weiterer Verlust. Meine treue Tusnelda war von uns gegangen. Nie wieder würde ich mit ihr an den Albufern spazieren gehen. Dennoch, ich war wieder zu Hause. Zu Hause bei meinem geliebten Vater, im Kreis meiner Familie. Wie so viele Kinder in den Märchen – Hänsel und Gretel, das Mädchen aus »Die sieben Raben«, die Töchter in »Frau Holle« – kehrte auch ich nach langer Reise um viele Erfahrungen reicher wieder zurück in meine alte Welt, die nicht mehr die alte sein würde.

Zwei sehr unterschiedliche
Schwestern: Friedl und Rösle

Meine Brüder
Lothar …

… und Alfred, kurz
vor ihrem frühen Tod

Geborgen – auf
dem Schoß meiner
Schwester Rösle

Weihnachten 1945

MANCHMAL HÄLT DAS WIRKLICHE LEBEN MÄRCHENHAFTE WUNDER FÜR UNS BEREIT

Das traurigste Weihnachten stand vor der Tür. Es gab nicht einmal einen Tannenbaum, geschweige denn Geschenke. Das Essen war karg, Weihnachten hatte seinen Glanz verloren. Die meiste Zeit wurde geschwiegen, wir gedachten unserer Toten. Vater war ein gebrochener Mann, sein Asthma beeinträchtigte ihn zusehends. Meine Stiefmutter zog sich gleich nach dem Essen in das Schlafzimmer zurück. Ich vermisste sie nicht. Meine Gedanken schweiften zurück in die Weihnachtszeit meiner Kindertage, bevor der Krieg unser Glück zerstörte:

Wir Kinder waren erfüllt von Vorfreude, alles wirkte der Wirklichkeit enthoben, hatte eine andere, eine höhere Schwingung. Wir waren glücklich, fühlten uns wie in einem Märchen. Meine liebe Mutter hatte bereits am Vorabend gebacken, und ich erinnere mich noch heute an den Duft der Plätzchen und vor allem an den Duft des Brotes, das auf dem Küchentisch lag. Dazu gab es Kartoffelsalat, eine riesige Schüssel mit Feldsalat aus dem eigenen kleinen Garten, zwei große Ringe Fleischwurst, Margarine und Schnittlauch. Ein Festessen.

Das Ende des Abendessens konnten wir Kinder an diesem besonderen Tag, so gut uns das Essen auch schmeckte, kaum erwarten. Endlich wurde der Tisch abgeräumt, Vater verließ unmerklich den Raum, und wir Kinder stellten uns im Flur dem Alter nach auf. Ganz vorn stand unser Jüngster, das Hermännle, dann kam ich, Karl-Heinz, Erwin, Rösle, Lothar, Alfred und Friedl folgten. Jedes der Geschwister hatte dem anderen die Hände auf die Schultern gelegt. Jenseits der geschlossenen Wohnzimmertür klingelte ein Glöckchen, dann ging die Tür zu unserem festlich geschmückten Weihnachtszimmer auf. Welche Pracht! Mitten im Raum stand unser Vater und sang mit seinem schönen Tenor »Ihr Kinderlein kommet«. Unser Gesang setzte ein, und beseelt von der festlichen Atmosphäre wanderten wir singend in das Weihnachtszimmer. Strahlend schön, ganz in Silber, stand dort der Christbaum, der so groß war, dass er bis zur Decke reichte. Weiße Kerzen brannten, in den Zweigen hingen silberne Kugeln, Lametta und Engelshaar sowie silberne Netzchen, von Mutter und Rösle gehäkelt und mit Süßigkeiten gefüllt. Ich werde nie das Gefühl des Staunens und der Ergriffenheit vergessen, das ich als Kind angesichts dieses Glanzes empfand.

Meine Augen wanderten schließlich hinüber zu den Tischen, die an der Wand standen und auf denen die Weihnachtsgeschenke lagen. Wir stellten uns vor den Baum, sangen andächtig »Stille Nacht, heilige Nacht«. Dann durften wir die Geschenke auspacken, wobei ich sehr sorgsam vorging, um das wunderschöne und wertvolle Geschenkpapier nicht zu beschädigen.

Was für eine Freude: Meine Puppen hatten neue Kleider bekommen, die Mutter und Rösle genäht hatten. Meine Puppenstube war von Vater sorgfältig neu tapeziert worden, der größte Schatz aber war mein erstes eigenes Märchenbuch mit den Märchen der Brüder Grimm! Ich war selig. Ich befühlte den glatten Buchrücken, bestaunte den Umschlag und bewunderte die schönen Illustrationen auf den ersten Seiten. Unbeschreibliches Glück. Dann nahm ich ein paar der Weihnachtsplätzchen, die auf einem großen Teller lagen, und machte es mir auf dem Sofa gemütlich, um in meinem Bücherschatz zu lesen. An diesem glanzvollen Festtag durften wir aufbleiben, bis uns die Augen zufielen. »Oh du fröhliche, oh du selige Weihnachtszeit!«

Dieser Glanz war nun nicht mehr. Vorbei.

Nachdem wir das einfache Essen zu uns genommen hatten, gingen wir in das Wohnzimmer, wo wir uns in gedämpfter Stimmung unterhielten. So fühlte es sich also an, das Weihnachten 1945.

Doch manchmal geschehen Wunder.

Ich erinnere mich nicht, wer von uns das Geräusch vor der Haustür hörte. War es ein Klopfen, hatte jemand geklingelt? Ich weiß es nicht mehr. Wir blickten uns verwundert an, bekamen wir Besuch an diesem Tag? Mein lieber Bruder Karl-Heinz ging zur Tür und öffnete sie. Wir anderen waren ihm gefolgt und – wollten unseren Augen nicht trauen: Vor unserer Haustür stand ein festlich geschmückter Weihnachtsbaum. An den Zweigen hingen Lametta und Christbaumkugeln, sogar Kerzen waren aufgesteckt, die wir nur noch anzünden mussten.

Vater kam zu uns in den Flur. Er war genauso überrascht und ergriffen wie wir. Keiner von uns hatte eine Ahnung, welcher gute Mensch uns dieses wunderbare Geschenk gemacht hatte. Ein Zeichen der Liebe und des Lichts in dieser Zeit der Düsternis. Es muss wohl ein Engel auf Erden gewesen sein.

Für mich ist dieses wunderbare Erlebnis noch heute wie ein Märchen. Ein Märchen, welches das Leben selbst geschrieben hat. Positive Überraschungen wie diese gibt es immer wieder. Jeder und jede von uns ist in der Lage, anderen etwas zu geben. Wie ich ja auch zum Abschluss meiner Märchenstreams bei Twitch zu sagen pflege: »Helft einander. Es gibt immer Menschen, die weniger haben als ihr. Nicht nur im materiellen, sondern auch im zwischenmenschlichen Bereich.« Oft kann man vieles bewirken, und seien es nur kleine Wunder. Zum Beispiel, wenn man unterwegs jemandem ein Lächeln schenkt und ihm auf diese Weise positive Energie gibt. Das Glück findet sich auch in den kleinen Dingen des Lebens.

Meine persönliche Stunde null

WAS MICH TRÄGT: HOFFNUNG UND DIE ÜBERZEUGUNG, DAS LEBEN HAT EINEN SINN

Noch lange Zeit nach dem Kriegsende herrschte große Not. Zwar hatten wir das große Glück, dass wir nicht wie viele andere ausgebombt waren und in Baracken oder in klammen Kellern hausen mussten. Doch wir litten Hunger. Das, was wir für unsere Lebensmittelkarten bekamen, war zum Sterben zu viel und zum Leben zu wenig. Unzählige Male stand ich stundenlang in einer langen Menschenschlange an, um die wenigen Lebensmittel einzukaufen. Viele Male fiel ich, ausgezehrt, wie ich war, in Ohnmacht. Hilfreiche Nachbarinnen sorgten dann für mich, bis ich wieder zu mir kam. Sie waren dankbar dafür, dass ich ihre Kinder hütete, sooft sie mich benötigten. Um das größte Elend zu lindern, gingen mein Bruder Karl-Heinz und ich zu den sogenannten »Herrgottbäuerchen« im ländlich geprägten Stadtteil Knielingen. Fabelhaft wäre es gewesen, wenn uns unterwegs, wie im Märchen vom »Dicken, fetten Pfannekuchen« kantapper, kantapper ein leckerer Pfannkuchen über den Weg gelaufen wäre! Aber wie zu erwarten war, ist das nicht passiert. Wenn wir auf unserem langen Fußmarsch von den Bauern drei oder vier Kartoffeln bekamen, schätzten wir uns glücklich. Auf dem Heimweg sammelten wir Wildkräuter und kochten zu Hause davon eine Wassersuppe.

Mein Traum, Lehrerin zu werden, konnte nicht mehr in Erfüllung gehen. Die weiterführende Schule in der Innenstadt gab es ja nicht mehr, deshalb musste ich nun in die nächstgelegene

Schule, die Hardtschule in Karlsruhe-Mühlburg gehen – eine Volksschule. Immerhin gab es dort eine Schulspeisung der Quäker, einer religiösen Gemeinschaft aus den USA mit Wurzeln in England. So erhielten wir Kinder süßen Haferflockenbrei oder Nudeln mit Fleisch. Das Essen wurde in einen von zu Hause mitgebrachten Topf abgefüllt. Ach, hätte man doch wie in dem Märchen »Der süße Brei« einfach sagen können: »Töpfchen, koche koche!« Und schon wäre aus dem Topf, gleich einem Füllhorn, die gewünschte Menge von Brei hervorgequollen. Doch die Wirklichkeit sah anders aus. Das ausgegebene Essen war knapp bemessen. Da sich die chronische Krankheit meines Vaters verschlechtert hatte, brachte ich ihm meine Ration stets mit nach Hause. Ich ließ ihn in dem Glauben, dass ich bereits in der Schule gegessen hätte. Für mich war es eine größere Freude, meinem Vater beim Essen zuzusehen, als es selbst zu mir zu nehmen.

Während der Schulfeier, die ein paar Tage nach Schulbeginn stattfand, wanderten meine Gedanken zurück zu meinen Brüdern Alfred und Lothar, die nun tot waren. Ich dachte an meinen kranken Vater und an meine älteste Schwester, um die es auch sehr schlecht stand. Was hatte sich die Menschheit in ihrer kollektiven Angst angetan, welche ungeheuerlichen Verbrechen waren geschehen?

Wie viel hatten wir alle verloren, und welche Zukunft wartete auf uns? Ein Gefühl der Hoffnungslosigkeit breitete sich in mir aus. Gerade da kam unser Direktor auf die Idee, mit uns allen das Lied »Großer Gott, wir loben dich« zu singen. Ich sang nicht mit, konnte nicht. Ich war wie versteinert. Der Direktor bemerkte, dass ich stumm blieb. Energisch schlug er mit dem Taktstock auf seinen Notenständer und brach den Gesang ab. Dann kam er mit großen Schritten auf mich zu, fixierte mich und forderte mich auf, mitzusingen. »Ich kann nicht«, brach es aus mir heraus. »Soll ich einen Gott loben, der all das zugelassen hat?« Der Direktor, verständnislos und empört über meine Aussage, hob drohend die Hand. Doch ein Blick in meine Augen, und er begriff, dass er es nicht wagen konnte, mich zu schlagen. Zeternd ging er zurück an seinen Platz. Der Lobgesang setzte wieder ein.

Seit diesem Vorfall missachtete mich der Direktor, hatte er doch aus seiner Sicht eine Niederlage erlitten. Doch um Niederlage oder Sieg ging es mir nicht. Wie konnte es sein, fragte ich mich vielmehr, dass er meine Gefühle nicht nachvollziehen konnte?

Eines Tages rannten wir Mädchen nach der Pause zurück in unsere Klassenzimmer, was kein leichtes Unterfangen war. Das oberste Stockwerk der Schule, wo wir untergebracht waren, war im Krieg stark beschädigt worden. Durch die notdürftig geflickte Decke tropfte das Regenwasser in Zinkwannen, die in den Fluren aufgestellt worden waren. Wir machten uns einen Spaß daraus, über diese Hindernisse zu springen. Da geschah das Unglück, ich blieb mit einem Fuß an einer der Wannen hängen, stürzte und ging zu Boden. Dabei fiel ich auf meine Unterarme, die von großflächigen Ausschlägen überzogen waren. Diese hatte ich mir aufgrund des Nahrungsmangels eingehandelt. Der Schmerz beim Aufprall war so stark, dass ich sogleich das Bewusstsein verlor und in eine tiefe Ohnmacht fiel. Im Bruchteil einer Sekunde war ich von absoluter Schwärze umgeben. Dem Nichts. Ich war wie Dornröschen, als es von der vergifteten Spindel gestochen worden war, in einen traumlosen Schlaf gefallen. Allerdings dauerte der Schlaf nicht hundert Jahre, und es erwartete mich nach dem Aufwachen kein schöner Prinz. Als ich wieder zu mir kam, schlug ich die Augen auf und blickte zunächst in die erschrockenen Gesichter meiner Mitschülerinnen, die sich besorgt über mich gebeugt hatten. Es war wie ein Déjà-vu. Ich erinnerte mich spontan an ein Erlebnis, das ich als Grundschülerin in einem Schwimmbad gehabt hatte:

Abgesehen vielleicht von Mathematik war ich stets eine sehr gute Schülerin gewesen, doch in einem Fach versagte ich weitestgehend, im Sportunterricht. Insbesondere im Schwimmen war ich talentfrei. Sehr zu meinem Nachteil, denn in meiner Altersklasse war es seinerzeit verpflichtend, einen bestimmten sportlichen Leistungsnachweis zu erbringen. Die Prüfungen in erforderlichen Disziplinen wie Weitwurf, Hochsprung und Wettlauf hatte ich, wenn auch mäßig erfolgreich, bestanden. Nun stand zum Abschluss noch die Schwimmprüfung an, vor der mir graute. Unter Anleitung meiner Sportlehrerin mussten meine Mitschülerinnen und ich mehrere Runden in dem Becken drehen. Anfangs konnte ich noch recht gut mithalten, doch bald verließ mich mit jedem Schwimmzug ein Teil meiner Kräfte. Und so versank ich schließlich, von den anderen unbemerkt, im Wasser. Während ich unterging, erlebte ich mich auf einmal in zwei verschiedenen Dimensionen. So kämpfte mein Körper verzweifelt darum, wieder an die Oberfläche zu kommen, um nicht zu ertrinken. Mein innewohnendes Ich hingegen fühlte sich teilnahmslos und vom Körper losgelöst, als ginge mich der Überlebenskampf nichts an. Ich fühlte nicht die geringste Angst, keinen Schmerz. Mein Körper gab schließlich auf, ich sank weiter hinab in die Tiefe. Dabei lief vor meinem geistigen Auge ein Film ab. Der Film meines Lebens, von jüngster Kindheit an bis in die Gegenwart.

Endlich hatten die anderen meine lebensbedrohliche Lage erkannt. Die Schwimmlehrerin sprang vom Beckenrand ins Wasser und zog mich, die ich mittlerweile ohne Bewusstsein war, heraus. Wiederbelebungsversuche. Ich spuckte Wasser, erwachte und blickte in die Augen meiner Mitschülerinnen. Erst jetzt war sie wieder da, die Angst. Jetzt, da die Gefahr überwunden war.

Meine einstige Schule in Karlsruhe …

… die Hardtschule – drinnen

und von außen

So wie damals fühlte ich mich auch nun, als ich auf dem Flur der Hardtschule lag und in die besorgten Gesichter meiner jetzigen Mitschülerinnen blickte. Zwei der Mädchen halfen mir auf und stützten mich, sodass ich mich hinsetzen konnte. Benommen blickte ich mich um, verstand allmählich, was geschehen war. Eine helfende Lehrerin war nicht zur Stelle, dafür drängte sich nun der Direktor durch die Menschengruppe, die voller Respekt vor ihm zurückwich. Der Direktor erfasste die Lage sofort. Er taxierte mich, in seinem Blick war kein Mitgefühl, sondern – Häme. »Hochmut kommt vor dem Fall!«, sagte er triumphierend und zog sich wieder zurück. Die Reihen hinter ihm schlossen sich wieder.

Ich weinte. Nein, sein Gott war nicht der meine.

Erst Jahrzehnte später erfuhr ich, dass ich damals im Schwimmbad ein Nahtoderlebnis gehabt hatte. Mitte der 1970er-Jahre wurde ich durch ein Buch des Mediziners Raymond A. Moody, der solche Nahtoderlebnisse erforscht und dokumentiert hatte, auf dieses Phänomen aufmerksam. Der Mediziner hatte beschrieben, dass viele Menschen, die dem Tod sehr nahe gekommen waren, einen Rückblick auf ihr bisheriges Leben gesehen haben – so wie ich auf das meinige. Andere wiederum wurden, seinen Berichten zufolge, an der Schwelle zum Jenseits von verstorbenen Verwandten begrüßt. Dies erinnert mich an mein Lieblingsmärchen »Das kleine Mädchen mit den Schwefelhölzern« von Hans Christian Andersen. In diesem Kunstmärchen erscheint der kleinen Heldin im Angesicht ihres Todes auf wundersame Weise ihre verstorbene Großmutter. Diese nimmt ihre Enkelin in die Arme und führt sie hinüber ins Licht. Ein trauriges und doch Zuversicht vermittelndes Märchen.

Ob es ein Leben nach dem Tod gibt? Nun, ich weiß es nicht, ich kann es nicht wissen. Doch es spricht vieles dafür, dass das Ende unseres irdischen Daseins nicht das Ende unserer Persönlichkeit ist. Bereits als kleines Mädchen, nachdem meine Mutter gestorben war und ich an ihrem Totenbett wachte, hatte ich die intuitive Gewissheit, dass sie noch da war – ihre Seele noch da war. Ich konnte dies nicht in Worte fassen, doch ich spürte, dass sie den Raum noch mit uns teilte. Ich ging davon aus, dass mein Vater und meine Geschwister dies genauso empfanden, daher teilte ich ihnen meine Wahrnehmung nicht mit. Drei Tage lang nahm ich diese Schwingung wahr, dann war die Seele meiner Mutter in andere Sphären entschwunden. Das Gleiche erlebte ich später beim Tod meines Vaters, meines Mannes und dem Tod von Freunden, bei denen ich die Sterbebegleitung gemacht hatte.

Diese Sensibilität, Schwingungen geliebter, nahestehender Menschen wahrzunehmen, begleitet mich seit meiner Kindheit bis zum heutigen Tage. Der Tod meines Bruders Alfred etwa wurde mir durch das Leid meiner Angehörigen mitgeteilt, obwohl uns viele Kilometer voneinander trennten. Ich verbrachte damals einige Ferientage bei meiner Tante, die in Ettlingen ein großes Haus hatte, in dem wir Kinder immer willkommen waren. Ich erlebte dort stets unbeschwerte und fröhliche Zeiten. Eines Morgens, ich war gerade aufgewacht, hatte ich das mir schon bekannte Gefühl: Aus dem Nichts verspürte ich plötzlich Angst, ein Schauer lief mir über den Rücken, ich hatte die deutliche Empfindung, dass etwas Schreckliches geschehen war. In großer Eile zog ich mich an, erklärte meiner entgeisterten Tante, dass ich nach Hause müsse, da dort alle weinten. Ich ließ mich durch keine guten Worte überreden, dazubleiben oder wenigstens etwas zu frühstücken, und fuhr sofort mit dem alten Herrenrad, das mir mein Vater geliehen hatte, los. Zwischen Ettlingen und Grünwinkel lag ein großer Wald, den ich durchqueren musste. Jedes Mal, wenn ich allein durch diesen dunklen Forst fuhr, sang ich laut vor mich hin, um meine Furcht zu bannen. Dieses Mal befahl ich mir, still zu sein, zu Hause, so wusste ich, waren alle traurig.

Schließlich kam ich bei meinem Elternhaus an. Meine Stiefmutter öffnete mit verweinten Augen die Tür. Ich sagte: »Alfred ist tot.« Und so war es. Am Morgen hatte mein Vater die Meldung von der Dienststelle meines Bruders erhalten, dass sein Sohn gefallen war.

Ich könnte über weitere Begebenheiten dieser Art berichten, doch vermutlich würde das den Rahmen dieses Buches sprengen. Fest steht für mich aber, dass es mehr zwischen Himmel und Erde zu geben scheint, als sich viele vielleicht eingestehen mögen. Ich persönlich ahne, dass wir unser spirituelles Potenzial, gerade in unserer materialistischen Welt, bei Weitem noch nicht ausgeschöpft haben.

Die Schule ging weiter. Gegenüber meinem Direktor fühlte ich keinen Hass, ich hatte keine Angst vor ihm und verspürte auch keine Verachtung. Er lebte in einer Welt, für die ich keine Verwendung hatte. Meine Schulzeit, so viel war mir klar, war zeitlich begrenzt, und ich nahm dankbar alles Wissen auf, das mir vermittelt wurde. Dem Unterricht konnte ich gut folgen, und zuweilen las ich sogar nebenbei unter der Bank, zum Beispiel »Romeo und Julia« von Shakespeare.

Dann war sie vorbei, meine Schulzeit. Lehrerin durfte ich mit diesem vergleichsweise niedrigen Abschluss nicht werden. Geld für das Gymnasium, das ich so gerne besucht hätte, um das Abitur zu machen, war nicht vorhanden, zumal sich der Gesundheitszustand meines Vaters rapide verschlechterte. Zunächst musste ich sogar, obwohl ich ein wirklich gutes Zeugnis hatte, in einer Fabrik arbeiten, wo ich für 50 Pfennig Stundenlohn Stofftiere nähte. Endlich fand ich in diesen schwierigen Zeiten mit Glück eine Ausbildungsstelle in einem Büro und erlernte den Beruf der Sekretärin.

Dann starb mein Vater – ein Verlust, den ich nicht in Worte fassen kann. Mein treuester Verbündeter, mein Weggefährte und Vater, hatte diese Welt verlassen. Trauer, tiefste Trauer. Kurz darauf ging meine älteste Schwester von uns. Mein Bruder Erwin wanderte nach Australien aus. Später folgte ihm mein Bruder Hermann. Abschied folgte auf Abschied – wieder einmal.

Und doch war da noch ein Funke der Hoffnung in mir. Die Hoffnung, dass das Leben einen Sinn hatte und nicht nur das zufällige Produkt eines missglückten kosmischen Ereignisses war. Die mir innewohnende Hoffnung, sie war nicht erloschen. Ja, ich spürte, dass ich von einer stillen und guten Macht begleitet wurde. Mein Mut, er hatte mich nicht verlassen, ich setzte meinen Weg fort. Und bald schon sollte es tatsächlich eine weitere Wendung geben. In Gestalt von zwei Männern, die meinen Weg kreuzten.

Die Hochschwangere, die aus dem Fenster stieg und verschwand

AUFRICHTIGE REUE UND VERZEIHEN SIND NICHT LEICHT, ABER SIE ZEUGEN VON INNERER STÄRKE

Nach all den Abschieden traten zwei Männer in mein Leben: Der eine hieß Mohandas, der andere Harald. Ich liebte sie beide. Meine Zuneigung zu Mohandas Karamchand (genannt Mahatma) Gandhi, wie er mit vollem Namen hieß, war mehr platonischer Art. Er eröffnete mir neue Welten, wurde für mich eine Quelle der Inspiration. Ich bewunderte, wie mutig und entschlossen Gandhi seine Nation Indien in die Unabhängigkeit geführt hatte. Seine Liebe zu Mensch und Natur beeindruckten mich sehr, und es ist wohl dieser großen Seele zu verdanken, dass ich letztlich die Entscheidung traf, mich vegetarisch zu ernähren. Mahatma Gandhi war der Gegenentwurf zu allem, was uns in der untergegangenen Zeit, im sogenannten »Tausendjährigen Reich«, aufgezwungen worden war und was wir Kinder mangels Vergleichsmöglichkeiten als gegeben und alternativlos angesehen hatten. Gandhi brachte mir den Glauben an die Menschheit zurück.

Harald indes sollte mein Ehemann werden. Wie ich hatte er eine Stiefmutter, die wenig zum Familienglück beitrug. Er liebte wie ich Musik, und als er mir an der Alb mit seinem wunderschönen Tenor zur Gitarre Lieder vorsang, war es um mich geschehen – wie um den Königssohn, der von Rapunzels Gesang so verzaubert war, dass er sie unbedingt heiraten wollte.

Bei der Kapelle, die sich unweit vom Albufer befand, gab es eine Senke in der Wiese. Dort lagen wir oft, blickten in den Sternenhimmel und malten uns eine Welt aus, in der man sich wieder zu Hause fühlen konnte. Harald war mit gerade 18 Jahren aus der amerikanischen Kriegsgefangenschaft gekommen, er wog noch 45 Kilo, und seine berufliche Zukunft war, wie für die meisten Menschen in dieser Zeit, ungewiss. Sein Vater, ein wortkarger und pedantischer Mann, war ihm kein Vorbild. Harald und ich, wir waren zwei Überlebende, die sich aneinanderklammerten. Auch wenn die Welt um uns herum keinen Anlass gab, zuversichtlich in die Zukunft zu sehen, so hatten wir doch uns beide. Und bald sollten wir schon zu dritt sein, unser erster Sohn war unterwegs.

Als frisch vermähltes Paar zogen wir in Haralds Elternhaus in Rüppurr am Rande der Stadt. Eine Entscheidung, die sich als folgenschwer herausstellen sollte.

Die Charaktereigenschaften von Haralds Vater kamen nun offen zum Tragen. Missmutigkeit, Granteleien, Vorschriften, Geiz, Jähzorn. Auf Einzelheiten will ich verzichten.

Wir wohnten beengt in einem Zimmer im Erdgeschoss und durften die Küche des Hauses mitbenutzen. Obwohl mein Schwiegervater, ein pensionierter Maschinenkonstrukteur, über genügend Geld verfügte, musste mein Mann von seinem kleinen Einkommen als Auszubildender in einem Büro einen nicht geringen Betrag abgeben. Wir lebten in einer Atmosphäre der Bedrückung, und ich hatte nicht die Absicht, unser Kind, das in mir heranwuchs, in einem solchen Umfeld aufzuziehen. Wir sahen uns gezwungen, neue Wege zu beschreiten. Um keine weitere Zuspitzung zu provozieren, beschlossen wir, in einer heimlichen Aktion das Haus zu verlassen. Ein Umzug durch die Haustür erschien uns zu gewagt, wir könnten leicht entdeckt werden. Es blieb nur das Fenster im Erdgeschoss. Mein Mann kletterte hinaus, ich reichte ihm unsere wenigen Habseligkeiten zu. Schließlich hievten wir die Wände des Schranks, den wir unter konspirativen Umständen und sehr leise in seine Einzelteile zerlegt hatten, ins Freie.

Zuletzt kletterte ich, hochschwanger, wie ich war, hinterher. Wir beluden den Pritschenwagen, den Harald besorgt hatte, und legten dann die zehn Kilometer von Rüppurr in die Tannhäuserstraße in Karlsruhe-Mühlburg zu Fuß zurück. Mein Mann zog den Wagen hinter sich her, ich schob von hinten. Dann war unsere Mission »Flucht auf leisen Sohlen« beendet.

Ein Leben in bitterer Armut begann. Wir wohnten nun im Dachgeschoss eines Mehrfamilienhauses. Meine ältere Schwester Rösle lebte mit ihrer Familie auch in diesem Haus, sie hatte uns die Unterkunft vermittelt. Zusammen mit meinem Schwager schleppten wir unseren Hausrat nach oben in unsere Dachkammer. Der große dreiflügelige Schrank wurde zusammengebaut, darin fanden unsere Habseligkeiten wieder ihren Platz. Ein bereits vorhandenes Bett, ein kleiner Tisch, zwei Stühle und das Babybett, das ich von meiner Schwester bekam, füllten die kleine Kammer aus, sodass nur schmale Wege zwischen den Möbelstücken übrig blieben.

Dann kam unser Sohn Michael auf die Welt. Seine Stoffwindeln kochte ich auf einem kleinen Kanonenofen aus, der uns auch als Heizung diente. Wir hatten ein kleines Dachfenster, von dem aus wir eine Schnur quer durch den Raum spannen konnten, um die Wäsche zum Trocknen aufzuhängen. Das Ehepaar, das uns diesen winzigen Raum vermietete, war nicht minder arm. Sie lebten im gleichen Haus in einer Einzimmerwohnung mit zwei Kindern. Zum Mietvertrag gehörte, dass wir ihre Küche zum

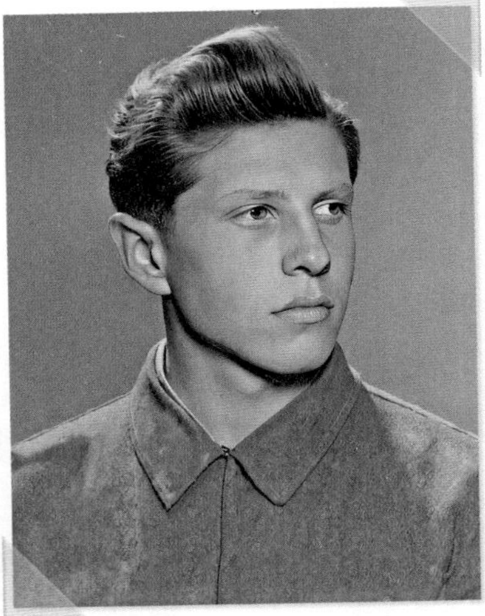

Mein zukünftiger Mann Harald

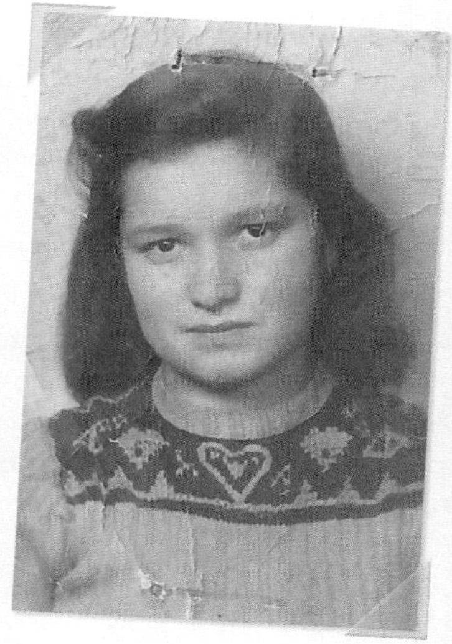

… und ich in jungen Jahren

Unsere Hochzeit am Charlottenplatz

Kochen mitbenutzen durften. Leider hatten wir kein eigenes Bad und konnten auch das der Vermieter nicht in Anspruch nehmen. Daher machte ich uns auf dem Kanonenofen Wasser warm, und wir wuschen uns am Waschbecken. Einmal in der Woche konnten wir uns im Bad meiner Schwester duschen. Eine Wohltat.

Obwohl sie selbst eine Familie mit drei kleinen Kindern hatte und in beengten Verhältnissen lebte, unterstützte uns Rösle, wo sie konnte. Oft brachte sie uns eine warme Mahlzeit herauf, was mich, da ich aufgrund des Babys nicht arbeiten gehen konnte, mit Dankbarkeit annahm. Rösle konnte hervorragend stricken und nähen und verdiente sich so immer etwas Geld hinzu. Das Einkommen unserer Männer lag unter der Armutsgrenze, und heute frage ich mich, wie wir mit einem Monatslohn von 280,– DM, die mein Mann verdiente, durchkommen konnten. Um das Geld für die Fahrkarte zu seinem Büro in der Innenstadt zu sparen, ging er jeden Tag zu Fuß die lange Strecke hin und zurück.

Wir litten wirklich Hunger. Immer. Schließlich wurde auch noch unser Kind sehr krank und konnte nur durch nahezu unerschwingliche Babykost ernährt werden. Die einzige Möglichkeit war, dass sich mein Mann und ich bei unserem eigenen Essen einschränkten, das schon zuvor kaum zum Überleben gereicht hatte.

Eines Abends kam mein Mann erschöpft und hungrig nach langer Arbeit und dem üblichen Fußmarsch zurück in unsere Kammer. Seit dem gemeinsamen kargen Frühstück hatten wir beide nichts mehr zu uns genommen. Das letzte verbliebene Ei sowie einen Brotkanten hatte ich bis zum Abend aufgehoben, um meinem Mann etwas zuzubereiten. Unser Michael schlief friedlich in seinem Bettchen, ich briet Harald das Spiegelei und stellte dann die Pfanne neben dem Brotstück auf den Tisch. Verwundert, dass ich mir keinen Teller hingestellt hatte, schlug er mir vor, ich möge doch bitte das Spiegelei und das Brot essen. Er habe schon im Büro gegessen. Das war, wie ich gleich vermutet hatte und wie er später zugab, natürlich gelogen. Ich erwiderte, auch ich hätte schon gegessen und wäre tatsächlich mehr als satt. Verständlich, dass mein Mann mir diese Schwindelei ebenso wenig abnahm wie ich ihm die seine. So entwickelte sich schließlich ein Streitgespräch. Die Argumente flogen hin und her, der Streit wurde heftiger, da jeder dem anderen die Mahlzeit zukommen lassen wollte. Schließlich schlug mein Mann mit der Faust auf den Tisch. Dabei erwischte er den Pfannenstiel, und das Spiegelei segelte quer durch den Raum. Es landete neben dem Ascheneimer im Dreck. Wir sahen uns entsetzt an. Dann fielen wir uns in die Arme und weinten bitterlich. Wie das arme Mädchen im Märchen »Sterntaler« waren wir bereit gewesen, einander unsere letzten Habseligkeiten, in unserem Fall das Spiegelei, zu schenken. Doch diese wohlgemeinte Unternehmung war gründlich danebengegangen. Immerhin, der Kanten Brot war übrig geblieben. Wir beschlossen, das Stück Brot zu teilen, und legten uns schließlich zu Bett. Da lagen wir nun wie der arme Poet auf Spitzwegs bekanntem Gemälde, allerdings im Doppelpack, und blickten hinaus in die Nacht. So fühlte sich Armut an.

Dann stand eines Tages mein Schwiegervater vor der Tür.

Geläutert?

Ja, geläutert.

Als wir damals, ohne ein Wort zu sagen, ohne eine Nachricht zu hinterlassen, aus seinem Haus geflohen waren, war er zunächst empört und geraume Zeit verärgert. Aber dann hatte er sich doch besonnen. Vielleicht war ihm auch ins Gewissen geredet worden. Jedenfalls schien ihm die Zeit jetzt reif, uns aufzusuchen, um mit uns zu sprechen. Über Umwege hatte er unseren neuen Wohnort ausfindig gemacht.

Mein Schwiegervater war aufrichtig bestürzt, als er sah, unter welch prekären Umständen wir leben mussten. Er bat uns inständig, zurückzukommen. Seine Zornesausbrüche habe er überwunden, versicherte er uns. Auch neige er nicht mehr dazu, alles bestimmen zu wollen, und außerdem brauche eine junge Familie, wie wir es waren, einen Großvater.

Versöhnung.

Vergebung.

Überwindung.

In umgekehrter Reihenfolge, versteht sich. Ich muss zugeben, dass es mir nicht leichtfiel, meinem schwierigen Schwiegervater zu vergeben, ja mich gar mit ihm zu versöhnen. Doch wie so oft stand mir mein platonischer Freund Gandhi mit einem weisen Zitat zur Seite: »Der Schwache kann nicht verzeihen, Verzeihen ist eine Eigenschaft des Starken.«

Wir zogen zurück in sein Haus nach Rüppurr, diesem grünen Stadtteil vor den Toren Karlsruhes. Und mein Schwiegervater bemühte sich tatsächlich um ein friedvolleres Zusammenleben, die Stiefmutter gab im Rahmen ihrer Möglichkeiten ebenfalls das Beste, und es schienen tatsächlich bessere, in vielerlei Hinsicht glückliche Zeiten auf uns zuzukommen. Ein neuer Lebensabschnitt begann.

Wanderer auf Erden

DIE UNSTERBLICHE SEELE – DARAN GLAUBE ICH

Durch den neuerlichen Umzug nach Rüppurr sahen wir unsere alten Nachbarn wieder. Wir wurden von ihnen freudig empfangen, und sehr schnell lebten wir uns wieder in unserer alten und in gewissem Sinne neuen Heimat ein.

Unsere kleine Familie wuchs. Bald kam unser zweiter Sohn Thomas auf die Welt, und es bereitete meinem Mann und mir große Freude, unsere beiden Söhne in dieser naturnahen Umgebung am Rande der Stadt aufwachsen zu sehen. Die Alb, die nur wenige Schritte von unserem Haus entfernt floss, war Treffpunkt der Kinder und ihrer Mütter. Unsere Männer, die tagsüber in der Stadt arbeiteten, gesellten sich dann am Abend zu uns – entweder am Ufer des Flusses oder in einem der heimischen Gärten. Wir sangen Lieder, die mein Mann mitunter auf der Gitarre begleitete, ich erzählte den Kindern Märchen, oder sie spielten mit ihren Freunden, wir unterhielten uns, und manchmal grillten wir Würstchen am offenen Lagerfeuer.

Welch einfache Vergnügen, wenn man an die Möglichkeiten der heutigen Zeit denkt. Aber oft sind es gerade die kleinen Dinge im Leben, an die man sich später mit Dankbarkeit erinnert.

Unser bescheidener Lebensstandard wuchs, und wir konnten uns schließlich ein Leichtmotorrad kaufen, eine gebrauchte Sudbrack. Zwischenzeitlich war ich zum dritten Mal schwanger geworden, und meinem Mann winkte eine besser bezahlte Stelle in Augsburg. Doch noch waren wir hier, und ich freute mich über die häufigen Besuche von Marlene. Sie war im Laufe der Zeit zu meiner besten Freundin geworden. Wir teilten die gleichen Interessen, Marlene liebte wie ich klassische Musik und Literatur. Wir sprachen über Maupassant und unseren Lieblingsdichter Rilke und konnten uns stundenlang in Welten verlieren, zu denen andere in unserem Umfeld keinen Zugang hatten. Wir waren seelenverwandt.

Doch war mir nicht entgangen, dass Marlene, wie mir schien, ein Auge auf meinen Mann geworfen hatte. Es war nicht mehr als ein harmloser Flirt, auf den mein Gatte allerdings geschmeichelt einging. Das kränkte mich.

An einem Sonntag bekam mein Mann überraschend Besuch von einem Freund. Sie verabredeten spontan, meine Erlaubnis vorausgesetzt, einen kleinen Ausflug auf ihren Motorrädern zu machen.

Dem stand aus meiner Sicht nichts entgegen, bis zu dem Zeitpunkt, als Marlene unsere Wohnung betrat. Ja, sie würde sich gerne an der kleinen Exkursion beteiligen, gab sie auf Nachfrage meines Mannes zu verstehen. Ich war bestürzt. Beleidigt.

Sie fuhren vergnügt davon. Ohne mich. Marlene auf dem Rücksitz des Motorrades, die Arme um den Körper meines Harald geschlungen.

Ich fühlte mich verlassen, verraten. Ich war erzürnt. Mein Kopfkino spielte ohne mein Zutun einen Film ab, der zunehmend dramatischer wurde. Es zeichnete sich gerade ab, dass sich am Ende des Films ein Zerwürfnis epischen Ausmaßes zutragen sollte, als es an der Haustür klingelte. Mein Mann war vorzeitig von seiner Ausfahrt zurückgekommen. Zerschunden, verletzt. In einer Kurve war er mit seinem Motorrad auf Rollsplitt geraten und gestürzt. Marlene war unverletzt, aber geschockt. Ich warf ihr einen vernichtenden Blick zu, bat meinen Mann herein und schloss wortlos die Tür vor Marlene. Sie hatte mich mit ihrem Verhalten im Innersten getroffen.

Bereits am nächsten Tag, mein Mann war schon bei der Arbeit, stand Marlene vor der Tür. Sie hatte ein blütenweißes wunderschönes Kleid an, und ich muss zugeben, sie sah aus wie eine

Märchenprinzessin. Sie blickte mich verstört an, suchte nach Worten der Entschuldigung, doch bevor sie etwas sagen konnte, bat ich sie herein. Ich war noch immer zutiefst gekränkt und hatte nicht die Absicht, dieses Gefühl zu unterdrücken. Da ich, als Marlene klingelte, gerade im Keller zu tun gehabt hatte, folgte sie mir unaufgefordert die Treppe hinunter. Im Vorraum, der als Kohlenkeller diente, sprach sie mich an. Worte der Entschuldigung, tiefstes Bereuen, sie beschwor unsere innige seelische Freundschaft. Vergebens, ich war nicht zu erweichen. In einem letzten Akt der Verzweiflung warf sie sich schließlich in ihrem blütenweißen Kleid vor mich auf die Erde, mitten hinein in die Kohlen. »Vergib mir!«, rief sie schluchzend. Ich hatte noch versucht, sie zurückzuhalten, doch beinahe zeitgleich gingen wir gemeinsam zu Boden. Wir lagen uns in den Armen und weinten. Ich vergab Marlene, meiner geliebten besten Freundin Marlene. Ein melodramatischer Moment. Unsere Tränen waren echt.

Wir schworen uns ewige Freundschaft, getragen von Aufrichtigkeit, unverbrüchlicher Liebe und gegenseitigem Respekt. Trotz der Tatsache, dass wir beide auf Briketts kauerten, war dies dennoch ein feierlicher Moment.

»Wir werden uns bald wiedersehen«, versprach mir Marlene, bevor sie ging.

Wir umarmten uns nochmals innig, als sie schon vor der Haustür stand, wir wollten uns nicht mehr loslassen. In diesem Augenblick ahnten wir nicht, dass es kein Wiedersehen geben würde. Nicht in dieser Welt. Nur Stunden nach ihrem Besuch kam meine beste Freundin unter tragischen Umständen ums Leben.

Abschied. Wieder einmal.

Gerne würde ich positivere Zeilen schreiben, doch nur wenige Zeit später sollte es noch schlimmer kommen. Aufgrund eines ärztlichen Fehlers starb am Tag ihrer Geburt meine Tochter Anja, die ich neun Monate in mir getragen hatte.

Nachdenklicher Blick …

… aus dem Haus meiner Schwiegereltern

Es fehlen mir die Worte, um diese Tragik zu beschreiben. So war es damals, mein Leben, so war es in diesem Lebensabschnitt. Ich vermisse sie alle, meine Lieben, die so früh vor mir gegangen sind. Meine Eltern, meine Brüder, meine Schwester, meine beste Freundin Marlene und meine kleine Anja.

Die Zeit, sie heilt die Wunden nicht. Bleibt die Hoffnung auf ein Wiedersehen in anderen Sphären. Unsere Seelen, davon bin ich überzeugt, sind unsterblich. Auf ein Wiedersehen, ihr geliebten Menschen. Ich weiß nicht wo, ich weiß nicht wann, aber wir werden uns wiedersehen.

Trost fand ich erneut bei der »großen Seele« (so die Übersetzung des Ehrennamens »Mahatma«) Gandhi, der um die tiefere Bedeutung unseres Daseins wusste. Unser wahres Zuhause, so der Mahatma, befindet sich in anderen Räumen. Die Zeit, die wir auf der Erde verbringen, ist begrenzt: »Ein Seher hat uns Wanderer genannt. Und das ist wahr. Wir sind nur wenige Tage hier. Und dann sterben wir nicht, sondern gehen nur nach Hause. Welch schöner und wahrer Gedanke.«

Neue Horizonte tun sich auf

MEINE SYNONYME FÜR GLÜCK: KINDER, KULTUR, FREUNDE UND FAMILIE

Unsere Zeit im Elternhaus meines Mannes war Geschichte. Dabei zogen wir nicht nur von einer Stadt in eine andere, wir tauchten gewissermaßen in ein neues Leben ein.

Augsburg, die Renaissance- und Fuggerstadt. Einem Grimmschen Märchen zufolge ließen sich »Die Sieben Schwaben« ihren gewaltigen Spieß in Augsburg herstellen, um sich für ihre Abenteuer zu wappnen. Und mit der »Augsburger Puppenkiste« verfügt die Stadt über ein Marionettentheater, das weit über ihre Grenzen hinaus bekannt ist. Nicht zuletzt auch wegen der Märchen, die dort aufgeführt und sogar verfilmt wurden.

Doch die Stadt hatte für uns mehr zu bieten als Märchenhaftes. Sie roch nach Farbe, befand sie sich doch noch im Wiederaufbau. Die helle Innenstadt war erfüllt von geschäftigem Treiben. Wie allerorten in Westdeutschland fuhren moderne Autos durch die Straßen: Isettas, VW Käfer, NSU Prinz, Opel und hier und da ein Mercedes. Das deutsche Wirtschaftswunder der noch recht jungen Bundesrepublik, es war am Erblühen, und wir gehörten zu den Protagonisten dieser neuen Zeit. Die stetig wachsende Stadt sollte für geraume Zeit unser Dreh- und Angelpunkt sein, und wenn ich heute daran zurückdenke, stelle ich fest, dass diese Phase einer der schönsten Lebensabschnitte meines Lebens war.

Unsere beiden Jungs Michael und Thomas hatten zu Beginn Probleme mit gewissen kulturellen Unterschieden. So waren sie recht erstaunt über den mitunter sehr direkten Kommunikationsstil der Einheimischen. Hinzu kam, dass sie die Augsburger nicht verstanden, da sie einen allemannisch-schwäbischen Dialekt sprachen, während die Karlsruher Mundart badisch-südfränkisch geprägt ist. Doch Kinder sind anpassungsfähig, in der Schule bekamen sie bald neue Freunde, und auch mein Mann und ich lebten uns schnell ein. Neustart. Und: ein Leben in Hülle und Fülle.

Mein Mann Harald hatte sich beruflich weiterentwickelt, und so konnten wir uns plötzlich vieles leisten, was uns zuvor verwehrt gewesen war. Zwar hatten wir nun keinen Garten mehr, aber dafür war unsere Mietwohnung deutlich größer als die Räumlichkeiten, die wir zuvor bei meinen Schwiegereltern zur Verfügung hatten. Das erste Auto wurde angeschafft, ein silbergrauer VW Käfer. Bescheidener Luxus.

Ich bekam neue Kleider, darunter ein Modellkostüm, das ich meist zu Geschäftsessen meines Mannes anzog, zu denen auch die Ehefrauen eingeladen waren. In diesem Rahmen bevorzugte ich den eleganten Stil von Audrey Hepburn, meiner damaligen Lieblingsschauspielerin und Ikone der Filmgeschichte. Wenn ich mich vor diesen Veranstaltungen zu Hause ungläubig im großen Spiegel betrachtete, der in der Diele hing, kam ich mir vor wie Aschenputtel, nachdem sie zum Bäumchen gesagt hatte: »Rüttle dich und schüttle dich, wirf Gold und Silber über mich.«

Doch der uneingeschränkte Zugang zur Kultur, den ich nun hatte, bedeutete mir am meisten. Aus finanziellen Gründen waren mir zuvor Theaterbesuche, Konzerte oder auch nur der Erwerb eines Buches unmöglich gewesen. Ich hatte einiges nachzuholen, eine Vielzahl von Büchern wollte noch gelesen werden, und ich hatte die freudige Gewissheit, dass noch so manche Schriftstellerin, so mancher Autor von mir entdeckt werden wollte. Meine Bibliothek wuchs.

Es wurde mir mehr und mehr bewusst, in welch geistiger Begrenzung ich gelebt hatte. Zunächst, weil während meiner ge-

Zuversichtlich

Unterwegs mit großem Wagen in München, Österreich und Italien …

… und mit kleinem Wagen in Augsburg

Übermütig :)

samten bewussten Kindheit bestimmte Kunst, Literatur und Musik verboten war. Und dann nach Ende des »Dritten Reichs« lag es an dem Mangel an Geld, durch den ich von der Teilhabe am kulturellen Leben ausgeschlossen war. Nun aber, da nicht mehr jeden Tag ums Überleben gekämpft werden musste, konnte ich mir neue Horizonte erschließen, aus dem Vollen schöpfen. Mein Seelenfreund Gandhi hatte mir bereits früh neue Welten eröffnet, nun traten Virginia Woolf, die Geschwister Brontë und Heinrich Böll in mein Leben.

Dem kleinen Thomas las ich allabendlich Märchen vor oder »Jim Knopf« von Michael Ende, dem damaligen Nachwuchsstar der Kinder- und Jugendliteratur. Mein großer Sohn, Michael, war dem schon entwachsen, und bald sah man ihn in entrückter Verzückung neben unserer Musiktruhe (mit automatischem Plattenwechsler!) sitzen – die Beatles waren gerade dabei, die Welt zu erobern. Unser Wohnzimmer hatte diese Beatgruppe aus England bereits im Sturm genommen. Zugegeben, diese Art von Musik erschloss sich mir erst in späteren Jahren. Ich liebte nach wie vor Beethoven und – Elvis. Elvis Presleys Vorfahren, das sei nur am Rande erwähnt, kamen übrigens aus Hochstadt in der Pfalz, nur wenige Kilometer von Karlsruhe entfernt.

Mein Mann und ich gingen gerne mit unseren neu gewonnenen Freunden in klassische Konzerte oder ins Kino. Nicht nur in Augsburg, sondern auch in München, das wir bald in unserem nagelneuen Opel Kapitän besuchen konnten. Unsere Fahrten zum Oktoberfest, nach Wien oder in die Alpen zusammen mit unseren Kindern waren das eine in meinem neuen Leben. Zum anderen hatte ich ein Auge für die Einrichtung unserer Wohnung. Nierentische, farbenfrohe Tapeten, Mosaiktische mit Gummibäumen, Kakteen und Sukkulenten sorgten für das wohnliche Flair der frühen 1960er-Jahre. In einer modernen Glasvitrine, die von einem Kubus aus Vollholz eingefasst war, tummelten sich zeitgemäß Figürchen aus Porzellan, Murano-Vasen und kleine Steiff Kuscheltiere. Ach ja, und dann war da noch unser erstes Fernsehgerät, ein riesiger Kasten aus Holz mit Röhren, aus dem uns allabendlich der allseits beliebte Karl-Heinz Köpcke von der Tagesschau begrüßte. Bald schon konnten wir mit unserem Schwarz-Weiß-Gerät drei Fernsehprogramme empfangen! Sensationell.

Wir feierten rauschende Partys mit unseren Freunden. Es gab, dem kulinarischen Geist der Zeit entsprechend, Käseigel, russische Eier und Gurkenschiffchen.

Im Anschluss an eines dieser Feste wurde, Überraschung, unser jüngster Sohn Paul gezeugt. Neun Monate später, eine leichte Geburt, kam unser Himmelsgeschenk, wie ich noch heute sage, im Josefinum in Augsburg auf die Welt. Unser fantastisches Leben ging weiter. Schon lange waren wir mit einer jungen Familie aus der Nachbarschaft befreundet, und deren jüngste Tochter Evi und unser jüngstes Kind wurden schließlich beste Sandkastenfreunde. Reisen nach Italien, an die Riviera, unvergesslich schöne Zeiten in Venedig, Florenz und Jesolo. Die schönen Jahre, sie vergingen wie im Flug, und schließlich wurde mein Mann erneut befördert. Wir mussten abermals unseren Standort wechseln. Es ging zurück nach Karlsruhe. Unsere märchenhafte Ära in Bayern klang aus.

Kinder, Kunst, Kultur, Freundschaften, eine glückliche Familie. So hatte ich mir mein Leben als Kind erträumt. Dieser Traum vom Glück hatte sich in Augsburg erfüllt. Nun war ich bereit für neue Träume an einem anderen Ort.

Der Kreis schliesst sich

ES BRAUCHT NICHT VIEL, UM GLÜCK UND ZUFRIEDENHEIT ZU EMPFINDEN

1967 – die Hippies feierten in den USA den »Summer of Love«, und während Scott McKenzie in seinem Song »San Francisco« die Jugend beschwor, mit Blumen im Haar in diese kalifornische Metropole zu pilgern, zog unsere Familie von Augsburg nach Karlsruhe. Zwar waren wir nicht mit Blumen im Haar unterwegs, aber wir hatten einen kleinen Baum dabei, eine Birke, die ich als Symbol neuer Verwurzelung in unseren Vorgarten pflanzte. Es war unsere erste Eigentumswohnung in einem lebendigen Karlsruher Vorort.

Die Welt war mittlerweile ein wenig bunter geworden, die Haare der jungen Männer wurden länger, die der Frauen kürzer, und viele überholte gesellschaftliche Konventionen wurden infrage gestellt. Der Aufbruch in eine neue Zeit hatte auch uns erfasst, und es gab viele Gründe, zuversichtlich in die Zukunft zu blicken.

Unser Ältester hatte bald eine Freundin und wurde allmählich flügge. Mein zweiter Sohn traf sich regelmäßig in unserer Wohnung mit Freunden, und oft war ich dabei, wenn sie bei Tee und Räucherstäbchen über Kunst, Literatur, Gott und die Welt diskutierten. Dabei hörten die jungen Leute moderne Musik, inzwischen nicht mehr nur von den Beatles, sondern auch von Pink Floyd oder Deep Purple. Klangfarben, mit denen ich damals noch nicht viel anfangen konnte. Doch eine gewisse Neugier und Erfahrungssuche wohnt schon seit Kindertagen in mir. Die Welt, sie wollte – auch musikalisch – weiterhin entdeckt werden.

Unser Jüngster durfte sich abends immer ein Märchen aussuchen, das ich ihm dann vorlas. Oder ich erzählte ihm Geschichten aus meiner Kindheit. Später richtete ich Paul auf seinem Kleiderschrank eine Lesehöhle ein, die über eine Leiter zu erreichen war. Dort oben konnte er, ähnlich wie ich in der Dachkammer meiner Kindheit, in seinen Büchern die Welt erobern.

Unser Familienglück wurde durch unsere Haustiere ergänzt: das Meerschweinchen, das wir aufgrund der braunen Augen »Bambi« nannten, unsere Katze »Schnupperle«, die uns zugelaufen war, der Hund »Max«, den wir aus dem Tierheim geholt hatten, und unsere Schildkröte, der wir aus heute nicht mehr erinnerlichen Gründen den Namen »Schneewittchen« gaben.

Da ich neben Kindererziehung, Haushaltsführung und Versorgung der Tiere keiner weiteren Tätigkeit nachging, beschloss ich, mich als ehrenamtliche Sozialarbeiterin nützlich zu machen, und betreute nebenher drei kinderreiche Familien in einem prekären Karlsruher Stadtteil. Es war mir seit Kindertagen ein Bedürfnis, andere zu unterstützen, die Hilfe benötigten. Dies war für mich keine Last, sondern bereicherte mein Leben.

Der Stadtteil Grünwinkel, wo mein altes Elternhaus stand, war gerade mal drei Kilometer entfernt von unserer neuen Wohnung.

Spaziergänge in meine alte Heimat waren vor allem für mich und Paul, unseren Jüngsten, ein Vergnügen. Auf diese Weise konnte ich ihm die Welt meiner Kindheit zeigen. Seit meinem Wegzug hatte sich überraschend wenig geändert. Die Alb floss gemächlich durch die grüne Landschaft, die Weiden, deren lange Äste bis ins Wasser ragten, wiegten sich sanft im Wind, und mir schien, als reiste ich zusammen mit meinem Sohn zurück in die Vergangenheit.

Auf der Brücke, wo ich einst mit meinem lieben Vater gerastet hatte, bevor wir das Gemälde abgaben, machten auch wir halt. Die Nixen, von denen mir mein Vater vor Jahrzehnten erzählt hatte – sie waren noch da. Nun erzählte ich Paul von diesen märchenhaften Wesen, und er nahm ihre Existenz mit der gleichen Selbstverständlichkeit in seinen Kosmos auf, wie ich es als kleines Mädchen getan hatte. Das magische Weltbild eines Kindes, es verliert sich erst gegen Ende des Grundschulalters. Und manche Menschen bewahren es sich bis ins hohe Alter und können nach Belieben von der wirklichen in die Märchenwelt wechseln und umgekehrt. Denn wie schon Friedrich Nietzsche wusste: »Wir meinen, das Märchen und das Spiel gehöre zur Kindheit: wir Kurzsichtigen! Als ob wir in irgendeinem Lebensalter ohne Märchen und Spiel leben möchten!«

Schließlich kamen Paul und ich vorbei an der alten Kapelle, auf deren hohe Mauer ich früher zusammen mit anderen Kindern emporgeklettert war. Wir überquerten die steinerne Brücke mit der Rosstränke, die Wiese, auf der ich so manche Stunde träumend in die Wolken geblickt hatte, und passierten den Bunker, in dem ich bange Stunden verbracht hatte. Der Schutzraum war nach dem Krieg zugeschüttet worden, lediglich ein schmaler Streifen Stahlbeton lugte als Mahnung an dunkle Zeiten zwischen blühendem Löwenzahn hervor. Es war nur noch eine Frage der Zeit, bis auch über die letzten Reste Gras gewachsen sein würde. Ein paar Generationen später würde dieses Relikt aus dem Krieg in Vergessenheit geraten sein.

Noch ein paar Schritte, dann standen wir vor dem Haus meiner Kindheit. Wir besuchten meine Schwester Rösle, die nun dort mit ihrer Familie lebte. Herzliche Begrüßung. Es gab Himbeersaft für den Kleinen, Kaffee für uns Schwestern. Wir saßen wie früher am Tisch in der Wohnküche und schwelgten in Erinnerungen. Jetzt, da ich mit meiner Familie erneut in der Region lebte, würden wir uns wieder öfter sehen, über die Vergangenheit sprechen und die Gegenwart gestalten. So viel war gewiss.

Picknick und Märchenstunde mit meinem Jüngsten an der Alb

Auf der Suche nach Märchengestalten im Hardtwald

Fast unverändert – die Albwiesen meiner Kindheit in Grünwinkel

Immer wieder auf
Reisen: Insel Skye …

… in meinem Lieblingsland
Schottland!

Mit meinem Mann
auf der Insel Elba

Und entschleunigte
Stunden im Garten
meines Sohnes Thomas

Die Ausflüge in die alte Heimat setzten Paul und ich fort. Bald begleitete ihn Uwe, einer seiner neuen Freunde, die er gewonnen hatte, dann kamen weitere hinzu, und schließlich wurde ich auf unseren Exkursionen von einer ganzen Schar vergnügter Kinder umringt. Manche von ihnen schlossen sich uns spontan unterwegs an, und bis auf einen harten Kern variierte die Besetzung der quirligen und übermütigen Gesellschaft. Auf der Wiese an der Alb rasteten wir oft, und ich las Märchen vor, oder wir spielten Fangen, Verstecken oder Blinde Kuh auf der Grünfläche vor der Kapelle. Ich war eine Zeitreisende, glücklich angekommen in meiner neuen alten Welt.

Mitunter baten mich die Kinder, allen voran mein Sohn, Erinnerungen aus meiner Kindheit zu erzählen. Manches Geschehnis musste ich auch mehrmals vortragen, so wie die nun folgende Geschichte.

An einem sonnigen Morgen, wir waren gerade überglückliche Besitzer von Holzrollern geworden, beschlossen mein kleiner Bruder und ich, das Abenteuer zu wagen, über Wiesen und Felder, durch die wunderschöne Pappelallee bis zum weit entfernten Spielplatz in der Rheinstrandsiedlung zu fahren. Diese Roller hatte unser herzensguter Vater auf unser wortreiches Bitten hin nur kaufen können, indem er seinen geliebten Fotoapparat ins Pfandleihhaus trug. Nun, wir sausten los, der Wind wehte uns um die Ohren, wir traten und traten, flitzten hinaus aus Grünwinkel, hinein in die exotische Weite der Rheinebene. Der Wind, die Sonne, der Rausch der Geschwindigkeit – wir fühlten uns glücklich und frei.

Am Ziel unseres Begehrens angekommen, standen Hermännle und ich am Rande des riesigen, tiefer gelegenen Spielplatzes und sahen hinunter auf die in der Sonne leuchtenden Wippen, Schaukeln, Karussells und Rutschen. Welch unglaubliche Vielfalt an Spielmöglichkeiten wartete auf uns. Zunächst wollten wir schaukeln und rannten, unsere Roller an der Hand, in Vorfreude den abschüssigen Weg hinunter. Doch unsere kindliche Ausgelassenheit kollidierte rasch mit der harten Wirklichkeit. Die dort wartenden Kinder betrachteten uns, die wir offensichtlich aus einem anderen Stadtteil kamen, als Eindringlinge und blickten uns argwöhnisch an. Wir stellten uns dennoch brav an der kleinen Schlange vor der Schaukel an, als sich plötzlich ein paar größere Burschen vordrängten und uns anrempelten. Wir baten höflich um mehr Rücksicht, schließlich sei mein Bruder kleiner als sie und ich sogar ein Mädchen. Dies wurde mit lautem Gelächter quittiert. Unser Auftreten hatten sie sogleich als Schwäche missinterpretiert, und sie sahen sich dadurch ermuntert, uns noch mehr herabzusetzen. Ja, sie waren nun sogar fest entschlossen, uns zu vertreiben, schließlich, so betonten die groben Kerle, sei das ihr Revier. Sie rieten uns eindringlich, wir sollten dorthin gehen, wo wir herkamen, oder besser noch dahin, wo der Pfeffer wächst.

Mein Hinweis, dass der Spielplatz doch für alle groß genug sei, drang nicht zu ihren Herzen vor. Dass wir Kinder gemeinsam etwas machen könnten, um uns einander im Spiel zu ergänzen, auf diese Idee kamen sie nicht. Es schien nicht Teil ihres Erfahrungsschatzes zu sein, anscheinend plagte sie nur die armselige Angst, man könne ihnen etwas wegnehmen, und sei es auch nur ein immaterielles Vergnügen wie das Schaukeln.

Wir hatten jedoch nicht den langen Weg auf uns genommen, um vertrieben zu werden. Weder nach Hause noch dorthin, wo der Pfeffer wächst. Hermännle reizte zwar der Gedanke, eine solche fremde Gegend zu besuchen, wie er mir mitteilte, doch realistisch betrachtet, schien uns der Weg nach Pfefferland, trotz unserer nagelneuen Roller, für heute doch zu weit. Hermännle und ich warfen uns einen verschworenen Blick zu. Wir waren uns, ohne ein Wort zu verlieren, einig. Da eine Lösung auf Verhandlungsbasis offensichtlich nicht möglich war, mussten wir robuster auftreten. Also hütete ich die kostbaren Roller, während mein tapferer kleiner Bruder seine Fäuste ballte und auf die Wortführer, die gut einen Kopf größer waren als er, mit grimmiger Entschlossenheit zutrat. Erstaunte Blicke unserer Widersacher, ein erstes Zurückweichen. Es geschah ein Wunder! Wie wir es schon oft erlebt hatten, führte unser Mut und unser konsequentes Handeln zum Erfolg. Wir trieben die uns eigentlich Furcht einflößende Rotte zurück. Dann reihten wir uns, so wie es sich gehört, wieder in die Schlange ein, verloren kein Wort mehr über die Maulhelden und konnten schließlich endlich schaukeln. Die Beine nach vorn gestreckt eroberten wir den Himmel, fielen wieder zurück, um erneut die Sonne zu begrüßen. Wieder und wieder. Kinderglück.

Dann rollerten wir zufrieden heim nach Grünwinkel. Auf der Wiese, nahe unserem Elternhaus, machten wir halt. In Hülle und Fülle standen dort Margeriten, Klatschmohn, Lichtnelken, Butterblumen, Wiesenschaumkraut, Kornblumen, Konraden, Vergissmeinnicht, Kamille und Schafgarben. Wir pflückten für Vater einen großen Strauß, den er sicherlich für eines seiner Stillleben verwenden konnte. Mir selbst flocht ich einen Kranz aus Gänseblümchen, den ich um meinen Kopf legte. Der Himmel war blau, die Bienen summten, und wir waren eins mit der Natur, die uns umgab.

Nun saß ich, Jahrzehnte später, wieder auf der Wiese meiner Kindheit inmitten von Blumen. Auf der Decke, die ich für uns ausgebreitet hatte, lag mein altes Märchenbuch, ich war wie früher umringt von Kindern, und auf der Wiese tollte unser Hund Max. Da war er wieder, der Dreiklang »Märchen, Kinder, Tiere«. Momente des Glücks. Der Kreis hatte sich geschlossen.

Animiert von der Geschichte aus meiner Kindheit, die ich erzählt hatte, wollten die Kinder nun alle Blumen für ihre Mütter pflücken. Aber angesichts der großen Schar hätten wir wohl eine ökologische Wüste hinterlassen, wäre jedes Kind mit einem großen Blumenstrauß nach Hause gegangen. Stattdessen beschlossen wir, Tiere zu beobachten. Überall summte und brummte es von Insekten. Über den Blüten flogen die Bienen und Hummeln, Schmetterlinge gaukelten von Kelch zu Kelch. Wie einst mein Vater mir erklärte ich den Kindern nun die Namen der einzelnen Blumen, und in unseren Naturbetrachtungen versank die Welt um uns herum. Wie wenig es doch braucht, um Frieden zu empfinden.

Mein Freund, der Baum

STÄRKE KANN SCHWÄCHE SEIN, SCHWÄCHE KANN STÄRKE SEIN

Über 200 Jahre hatten nachfolgende Generationen Zeit, um über eine Erkenntnis von Friedrich Schiller nachzudenken: »Es kann der Frömmste nicht in Frieden leben, wenn es dem bösen Nachbarn nicht gefällt.«

Bedauerlicherweise sind diese weisen Worte bis zum heutigen Tage nicht zu allen Mitmenschen durchgedrungen. Revierkämpfe, wie ich sie einst mit meinem kleinen Bruder auf dem Kinderspielplatz auszufechten hatte, finden wir in der gesamten Menschheitsgeschichte von Kain und Abel bis in die Gegenwart. In jeglicher Intensität, in allen Altersklassen, Berufen, Hautfarben, Parteien oder Religionen.

»Haltung!«, möchte man diesen Menschen aufmunternd zurufen. »Positive Haltung!« Doch bei vielen würde es nichts nützen, und mitunter kommen Zweifel an der Aussage auf, die Menschheit sei die Krönung der Schöpfung.

Um es vorwegzunehmen, die friedlichen Tage in unserer Wohnung im Karlsruher Vorort waren bald gezählt. Zwei Nachbarparteien unseres Mehrfamilienhauses hatten uns schon vielfach zu verstehen gegeben, dass wir uns im falschen Revier aufhielten. Bereits bei unserem Einzug waren sie uns misstrauisch begegnet, und mit der Zeit schlug das Misstrauen auf rätselhafte Weise in Ablehnung um. Sie hatten sich ein Bild von uns gemacht. Ein Bild – mehr nicht. Sie glaubten an dieses Bild und wollten sich nicht davon abbringen lassen. Sie kannten uns nicht, und sie wollten uns auch nicht kennenlernen. Allein die langen Haare meiner großen Söhne waren, wie ich später zu meiner Verwunderung erfahren musste, eine Provokation in ihren Augen, ein Stigma, das jegliche Kontaktaufnahme grundsätzlich ausschloss. Begegnungen im Treppenhaus, an der Mülltonne, im Keller oder andernorts verliefen zunehmend unerfreulich, und so kam bei meinem Mann und mir die Frage auf, ob wir uns räumlich verändern sollten. Gerade unserem Jüngsten, der ja noch ein Kind war, wollten wir ein solches Umfeld ersparen.

Unsere Entscheidungsfindung wurde beschleunigt, denn auf symbolische Weise gab man uns nachdrücklich zu verstehen, dass wir in diesem Haus unerwünscht waren: Die kleine Birke, die ich bei unserem Einzug gepflanzt hatte, wurde in einer nachbarschaftlichen Nacht-und-Nebel-Aktion abgesägt. Die sterblichen Überreste lagerte man, für alle Parteien gut sichtbar, vor unserer Garage im Hof. Das Schweigen der anderen Bewohner war ohrenbetäubend.

Was tun?

Mein Hermännle mit seinen fliegenden Fäusten war weit weg. Er war, Jahre nach unserer Auseinandersetzung in der Rheinstrandsiedlung, doch der Empfehlung unserer Widersacher gefolgt und lebte nun als freier Künstler in einem Land, wo der Pfeffer wächst, in Australien. Auf ihn konnte ich also nicht zählen. Hinzu kam, dass ich im Hinblick auf Konfliktlösung mittlerweile ja einen Mentor hatte, der mir andere harmonischere Wege aufzeigte – Gandhi.

Mahatma Gandhi kam, wie es der Zufall will, auch aus einem Land, wo der Pfeffer wächst, wie wir alle wissen, aus Indien. So hatten die Aussagen unserer Kontrahenten aus Kindertagen im Nachhinein also durchaus prophetische Wirkung, wenn auch anders als ursprünglich gedacht.

Ich entschloss mich, ohne den vandalisierten Baum zu thematisieren, erneut mit den besagten Nachbarn ins Gespräch zu kommen. Doch meine Worte erreichten weder ihre Herzen noch ihren Verstand.

Wir mussten uns also entscheiden, ob wir unter diesen Umständen in diesem ehrenwerten Haus bleiben wollten. Wir wollten nicht. Anders als viele andere Menschen, die in Bedrängnis sind, hatten wir ja die freie Wahl. Die Welt stand uns offen. Unsere Nachbarn mussten bleiben. Lebenslänglich.

Wie uns die einzige freundliche Nachbarin später mitteilte, begannen sich die beiden Nachbarparteien später gegenseitig zu bekämpfen. Mit unserem Wegzug war ihnen die bevorzugte Projektionsfläche für ihre Unzufriedenheit abhandengekommen. Da die Auswahl nun kleiner war, musste das Revier neu abgesteckt werden. Ein sinnfreies Unterfangen.

Genugtuung meinerseits? Nein. Kopfschütteln, ein vorübergehendes Gefühl der Traurigkeit vielleicht. Dann hinein mit dieser lehrreichen Episode in das Kästchen der Erinnerungen. Deckel zu. Schlaf gut.

Zu gehen empfand ich nicht als Schwäche, vielmehr hatte ich das Gefühl, aus Stärke heraus zu handeln. Wie so oft war ich bestrebt, aus der Situation das Beste zu machen. »Vertraue auf dein Glück«, hatte der römische Philosoph Seneca einst geschrieben, »und du ziehst es herbei.« Und wir hatten Glück.

Überraschend schnell fanden wir einen neuen Wohn- und Lebensort und zogen nach Ettlingen, in diese idyllische kleine Stadt an den Ausläufern des nördlichen Schwarzwaldes. Unsere neue Wohnung lag im dritten Stock und bot einen wunderbaren Blick auf bewaldete Berge. Schwalben flogen vorüber, die Luft war klar, ein neuer Lebensabschnitt konnte beginnen. Selbst unsere geschundene Birke reiste, wenn auch in modifizierter Form, mit uns.

»Mein Freund, der Baum ist tot«, hatte einst die von mir verehrte Chansonkünstlerin Alexandra in berührender Melodramatik gesungen. Und dieses Schicksal, so schien es, war wohl auch unserer Birke beschieden, als wir sie dem Tode geweiht vor unserer Garage vorgefunden hatten. Doch weit gefehlt. Unser Baum dachte nicht daran zu sterben. Na ja, zugegeben, ich half ein wenig nach, dass er weiterleben konnte. In der Hoffnung, ich könne der Birke zu weiterem Leben verhelfen, hatte ich ihr nach dem Übergriff einige Zweige abgeschnitten, um daraus Ableger zu gewinnen. Auch wenn nicht alle diese Triebe Wurzeln zogen, kamen doch drei der Äste durch und entwickelten sich im Laufe der Zeit prächtig. Und irgendwann hatte ich nicht nur einen Freund zum Baum, sondern derer drei. Wunderbares geschieht manchmal.

Den Umständen geschuldet – wir hatten keinen Garten – verschenkte ich die Bäumchen an Freunde und Bekannte, und eine der Birken schaffte es über eine französische Austauschschülerin, die wir aufgenommen hatten, tatsächlich bis nach Frankreich. Keine schlechte Karriere für einen Baum, dem man eigentlich den Garaus hatte machen wollen.

In unserem neu errichteten Mehrfamilienhaus wurden die Karten ganz neu gemischt. Die Bewohner kamen aus allen Himmelsrichtungen, und sehr schnell freundeten wir uns mit einer Nachbarsfamilie an, deren Kind im gleichen Alter wie unser jüngster Sohn war, Marga. Mit ihr verbindet uns noch nach Jahrzehnten eine Freundschaft.

Die Kontakte zu den alten Freunden aus Karlsruhe hielten wir jedoch aufrecht, und auch sie bestehen, soweit die Freunde noch unter uns weilen, bis zum heutigen Tage fort.

Unser soziales Umfeld, die gute Luft, die fußläufige Nähe zu der wunderbaren Altstadt mit dem Barockschloss, die historischen Häuser der im Krieg unversehrt gebliebenen Stadt – alles hatte sich für uns verbessert. Sogar der Fluss meiner Kindheit, die Alb, floss durch unsere neue Heimatstadt. Unsere ehemaligen Nachbarn hatten uns, ohne dass sie dies auch nur im Ansatz beabsichtigt hatten, auf den richtigen Weg gebracht. Danke!

Wie ich zur Marmeladen-oma wurde

ENTSCHLEUNIGUNG UND SOZIALES MITEINANDER IM INTERNET? IST MÖGLICH!

In Ettlingen flog die Zeit dahin. Wie immer drehte sich in meinem Leben alles um Kinder, Märchen und Tiere. Enkelkind folgte auf Enkelkind, schließlich wurde ich sogar Urgroßmutter. 2001 wurde mein Enkelsohn Janik geboren, der Sohn meines Jüngsten und seiner Frau Hede. Wer hätte damals gedacht, dass er eines Tages das virtuelle Gegenstück zu der Märcheninsel meiner Kindheit erfinden würde! Jeden Samstag begrüße ich seit vielen Jahren mein Publikum mit dem Satz »Willkommen auf der Märcheninsel«. Diese Begrüßungsformel war meinem Sohn Paul eingefallen, dem ich bereits als Kind oft von meiner einstigen Märcheninsel unter dem Dach erzählt hatte. Die Idee, meine Märcheninsel aus Kindertagen in die digitale Welt zu übertragen, stammte allerdings von dessen Sohn Janik.

Bereits als Grundschüler war Janik sehr kreativ. Seine Eltern, die schon früh erkannten, dass er sowohl technische als auch künstlerische Fähigkeiten hat, unterstützten seine Ambitionen, und er bekam bald einen eigenen Laptop, auf dem er, in Verbund mit einem Smartphone, kleine amüsante Lego-Trickfilme produzierte, die er auf YouTube hochlud. Eines Tages jedoch, er war mittlerweile 15 Jahre alt, hatte er eine spontane Idee, die beachtliche Folgen haben sollte.

»Wie wäre es«, fragte er mich, »wenn du auf Twitch einen Livestream machst, in dem du Märchen vorliest?« Dieser Satz ließ mich zunächst ein wenig ratlos zurück. Die Frage, die mir mein Enkel gestellt hatte, enthielt drei Substantive, von denen mir jedoch zu meiner Überraschung nur eines bekannt war: Märchen. Märchen hatten sein Vater und ich Janik in seiner Kindheit regelmäßig vorgelesen, und er hatte eine ausgeprägte Zuneigung zu dieser Literaturform entwickelt. Nun musste er mir allerdings noch erklären, was es mit den Begriffen »Twitch« und »Livestream« auf sich hatte. Janik, dem bewusst war, dass mein Interesse an technischen Dingen jeglicher Art von eher verhaltener Natur ist, erklärte mit psychologischem Geschick und größtem Einfühlungsvermögen die Bedeutung der mir unbekannten Wörter. Ich sollte also, genauso wie ich es schon seit meiner Kindheit getan hatte, Märchen vorlesen. Dies schien mir eine wunderbare Idee. Twitch, so hatte ich verstanden, sei so etwas Ähnliches wie Fernsehen, nur dass man selbst das Programm machen könne. Das klang nicht uninteressant. Sorgen bereitete mir allerdings die technische Ebene, sollte ich doch in Janiks Smartphone sprechen und gegebenenfalls auf eingehende Chatnachrichten reagieren, die mir Janik vorlesen würde. Ich war skeptisch, ob ich dieser Aufgabe gewachsen sein würde. Mit engelsgleicher Geduld konnte Janik diese aus meiner Sicht schwerwiegenden Bedenken ausräumen. Der erste Märchenstream mit »Marmeladenoma« am Tisch meines Wohnzimmers konnte also beginnen. Dieser wunderbare Name war Janik intuitiv eingefallen, da ich früher für die ganze Familie und Freunde in großen Mengen Marmelade eingekocht hatte, was ihm anscheinend in dankbarer Erinnerung geblieben war.

Unser erster Livestream war überraschend erfolgreich, wir hatten tatsächlich eine Handvoll Zuschauer, die in den Weiten des World Wide Web zu uns auf die Märcheninsel gefunden hatten. Beflügelt von diesem Achtungsergebnis beschlossen wir nun, zu festen Zeiten zu streamen, und unsere Zuschauerzahl wuchs in bescheidenem Rahmen, hatte sich doch die Existenz einer Märcheninsel, auf der man sich entspannen konnte, herumgesprochen. Das Streamen wurde ein schönes, ja ein wertvolles Hobby, das Janik und mir Spaß machte und darüber hinaus anderen Freude bereitete, auch wenn die Zahl unserer Follower übersichtlich blieb. Doch dabei sollte es nicht bleiben.

An einem denkwürdigen Tag, ich streamte mittlerweile nicht mehr auf einem Smartphone, sondern hatte ein richtiges Tablet, wurde während einer Märchenstunde ein anderer Streamer auf uns aufmerksam. Es war Gronkh. DER Gronkh!

Nie gehört, diesen Namen? Nun, ich hatte von diesem sympathischen Mann damals auch noch nichts gewusst, bewegte ich mich doch, ganz im Gegensatz zu Janik, praktisch nie in virtuellen Gefilden.

»Wer um alles in der Welt ist dieser Gronkh?«, fragte ich mich damals. Mein Enkel erklärte mir, dass Gronkh – wenn man Twitch auf die Fernsehwelt überträgt – so eine Art Günther Jauch sei.

Gronkh klinkte sich also mit seinem Livestream in den unsrigen ein – und plötzlich hatte unser kleiner Märchenstream Tausende Zuhörerinnen und Zuhörer. Ich wusste gar nicht, wie mir geschah, da mir bis dahin nicht klar war, dass man sich in einen anderen Livestream zuschalten konnte. Janik, der hinter dem kleinen Mischpult saß, war hellauf begeistert. Als Gronkh-Fan hatte er sich schon lange gewünscht, mit seinem Idol mal in Kontakt zu kommen. Ich hingegen erfasste, aufgrund meines mangelnden Hintergrundwissens, nicht, was sich hier gerade abspielte. Die Resonanz auf unseren Stream war spektakulär. Eine überwältigende Menge von begeisterten Menschen sah einer Oma zu, die im Internet Märchen vorlas. Dies schien tatsächlich eine virtuelle Sensation von epochaler Bedeutung zu sein. Ich selbst war einigermaßen verstört, wurde ich doch mit unzähligen Chatnachrichten, Herzchen, Emojis und kryptischen Botschaften umfassend eingedeckt. Woher kamen auf einmal alle diese Zuschauer? Der Ansturm war schließlich so groß, dass unser Stream zusammen-

Ich, die Marmelade-
noma, zu Hause im
Aufnahmestudio

Als uns Gronkh
überraschte!

Kurz vor dem
Stream auf Twitch
mit Wahlenkel
Fabian und Enkel
Janik

Glücklich: Im Wohnzimmer mit meinen
Märchentellern und Märchenbüchern

brach. Glücklicherweise nur vorübergehend. Gronkh, der sich den Stream einige Zeit angesehen und mit liebevollen Bemerkungen versehen hatte, kommentierte dies schließlich trocken mit dem Satz: »Jetzt haben wir die Oma abgeschossen.« Das war natürlich nicht seine Absicht gewesen, und er blieb noch bei uns, nachdem Janik den Stream wieder zum Laufen gebracht hatte. Es war unglaublich.

Sollte dies ein einmaliges Ereignis bleiben, fragten wir uns nach dem Stream, oder würden die Fans bei uns bleiben?

Ja, sie blieben. Zumindest ein großer Teil von ihnen. Die Zahl unserer Follower auf Twitch und YouTube ging steil nach oben. Die Marmeladenoma-Videos wurden millionenfach angesehen, bald schon erhielten wir den Silbernen Playbutton von YouTube für 100000 Abonnenten, und sehr schnell wurden Presse und Rundfunk auf den Kanal »Marmeladenoma« aufmerksam. Fernsehteams kündigten ihren Besuch in unserem kleinen Studio an, ein Reporter des »Spiegel« kam eigens aus Hamburg angereist, es gab Interviews per Telefon oder vor Ort.

Offensichtlich hatten Janik und ich mit unseren Märchenstreams eine in diesem Ausmaß nicht vermutete Lücke gefüllt. Märchen, Entschleunigung, soziales Miteinander, diese Bedürfnisse schienen auch im digitalen Zeitalter noch von Bedeutung zu sein. Und sie über das Internet zu erfüllen, war ja auch unsere Absicht gewesen.

Märchenhafte Reisen, inspirierende Begegnungen

ES IST BEREICHERND, IMMER WIEDER NEUE ERFAHRUNGEN ZU MACHEN

Schließlich wurden wir im Jahr 2017 in der Kategorie Livestream für den Webvideopreis nominiert.

Ich konnte nicht glauben, dass mein Enkel und ich zu diesem illustren Kreis gehören sollten. Allein die Nominierung zu dieser Auszeichnung, die in Düsseldorf in der O2-Arena überreicht werden sollte, ehrte mich schon sehr, diesen Preis zu gewinnen, hielt ich jedoch für eine Illusion. Aber natürlich fuhren wir, zusammen mit Janiks Eltern Hede und Paul, nach Düsseldorf. Vor der O2-Arena warteten hinter Absperrbändern die Fans der diversen Internetstars, die nominiert worden waren. Wir wurden von den Veranstaltern mit einer Limousine vom Hotel abgeholt und fuhren an der frenetisch jubelnden Menge vorbei. Marmeladenoma-Rufe, Applaus, Begeisterung. »Beatlemania«, sagte mein Sohn schmunzelnd. Es war einfach alles sehr unwirklich. Danach Blitzlichtgewitter der zahlreichen Fotografen, als wir über den roten Teppich gingen, Interviews, Autogramme. Es wurde immer fantastischer. Schließlich saßen wir auf unseren Sesseln vor der Bühne. Barbara Schöneberger moderierte, stellte die einzelnen Nominierten vor. Die Spannung wuchs. Bis schließlich nach geraumer Zeit und diversen Showeinlagen Barbara Schöneberger die Gewinner der Kategorie Livestream bekannt gab: »Marmeladenoma!«

Das war der Moment, in dem mir der Bezug zur Realität völlig entglitt. Von meinem Enkel gestützt stand ich auf und erklomm mühsam die Treppe zur Bühne. »Bin das noch ich?«, dachte ich.

Nein, das war nicht mehr ich, sondern meine virtuelle Doppelgängerin, die Marmeladenoma. Kameras, erneut Blitzlichtgewitter, Applaus. Nun standen auch noch die 4000 Zuschauer der O2-Arena auf. Standing Ovations. Mir kamen die Tränen. Dies war vielleicht der Augenblick, so fuhr es mir durch den Kopf, an dem ich den Lohn für die Jahrzehnte meines nicht immer leichten Lebens bekam, das hinter mir lag. Nun stand ich hier und meinte zu träumen. Es war wie im Märchen, und ich war jetzt die Prinzessin.

Und es sollte weitergehen. Einladungen zu diversen Fernsehsendern – wir besuchten KiKA in Erfurt und waren Gast bei dem fabelhaften Moderator Timster. Immer dabei mein Sohn Paul, der alles organisierte und uns fuhr. Auch Fabian, ein guter Schulfreund von Janik, der uns regelmäßig bei den Livestreams unterstützt, war oft mit von der Partie. Bisweilen auch Hede, die Frau meines Jüngsten und Mutter von Janik.

Dazwischen nahmen wir Videos für YouTube auf: Reise-V-Logs, Film- und Buchbesprechungen, Spielevideos, und wir suchten die Orte meiner Kindheit auf, über die ich berichtete. Janik und mein Sohn Paul entwickelten sogar Kurzfilme, die der bühnenaffine Luigi Biolzi, ein alter Freund der Familie, mit seinem komödiantischen Talent bereicherte.

Schließlich erreichte uns ein Schreiben des Europäischen Zentrums für Märchenkultur, Berlin. Man wolle Marmeladenoma, so wurde uns mitgeteilt, die »Goldene Erbse« verleihen. Diese Auszeichnung für außergewöhnliche Verdienste zum Erhalt und zur Verbreitung von Märchen sollte im Abgeordnetenhaus in Berlin übergeben werden. Ich war gerührt. Und fasziniert von der wunderbaren Gastfreundschaft der beiden Initiatorinnen, den Märchendamen Silke Fischer und Monika Panse. Die Feier zur Preisverleihung, sie war märchenhaft, ebenso wie unsere ausgezeichnete Herberge, das »Grimms Hotel«, dessen Zimmer –

passend zum Namen – mit großflächigen Wandgemälden und Textauszügen aus Märchen der Brüder Grimm versehen waren. Im Rahmen der Preisverleihung im Abgeordnetenhaus wurde ich zur Märchenbotschafterin ernannt und somit zum Mitglied der Märchenbande. Die Märchenbande ist eine Gruppe von Schauspielern und Autorinnen, die sich für die Verbreitung der Märchenkultur einsetzen. Schön, dass ich nun als Märchenerzählerin in diesen kreativen Kreis aufgenommen wurde. Nicht zuletzt besuchte ich die Dependance von Märchenland – Europäisches Zentrum für Märchenkultur im Europapark Rust. Im dortigen Märchenland hängt sogar ein Briefkasten, über den man mir Post zukommen lassen kann. Ich beantworte jeden Brief handschriftlich.

Es folgten Streifzüge auf den Spuren der Brüder Grimm quer durch Deutschland. Allein diesen märchenhaften Reisen hätte ich ein ganzes Buch widmen können, oder doch zumindest ein langes Kapitel. Ich las vor dem Rapunzelturm in Amönau das dazu passende Märchen für unseren YouTube-Kanal vor. Beim Herumstromern in der Nähe des Turmes, den der Jugendstilmaler Otto Ubbelohde einst als Vorbild für eine seiner Märchenillustrationen entdeckt hatte, stießen wir auf ein verlassenes Schloss. Mit seinem verwilderten Garten und der zugewachsenen Fassade erinnerte es an Dornröschen und zog uns natürlich gleich in seinen Bann. Ja, bei der Sababurg, wo Dornröschen üblicherweise verortet wird, waren wir natürlich auch und folgten den Spuren der Brüder Grimm bis nach Kassel, wo die beiden einige Zeit lebten. Auch den Teich der Frau Holle auf dem Hohen Meißner besuchten wir. Wir reisten nach Hanau, der Geburtsstadt der Grimmbrüder, nach Marburg, wo sie studiert hatten, sowie nach Steinau an der Straße, wo die Brüder Grimm ein paar Jahre ihrer Kindheit verbrachten. Ein wahrlich märchenhafter Ort, mit einem wunderschönen Schloss, dem ehemaligen Amtshaus, in dem die Familie Grimm einst wohnte, und dem

Auftritt bei »Frag doch mal die Maus« mit Eckart von Hirschhausen

Gemeinsame Märchenstunde mit Armin Maiwald von der »Sendung mit der Maus«

Überraschendes Treffen mit Julius Weckauf in Leipzig

Lesestunde mit Timster bei KiKA in Erfurt

Nominiert für den Webvideopreis in Düsseldorf …

… der von Barbara Schöneberger an Enkel Janik und mich in der O_2 Arena überreicht wurde

Märchenlesung mit Miriam Mack im Europa Park vor französischen und deutschen Kindern

Einladung von Julien Bam nach Köln

Märchenbrunnen am Marktplatz, an dem der Froschkönig und die Prinzessin sitzen.

Zu meiner Überraschung wurden Janik und ich oft erkannt, sei es in Köln in der Fußgängerzone, in Frankfurt oder andernorts, und es ergaben sich immer wieder schöne Begegnungen.

Ach, es gäbe noch so viel zu berichten, was wir während unserer Reisen erlebten. Von zwei dieser Begegnungen will ich noch erzählen. Die eine spielt in Düsseldorf, die andere in Leipzig.

Beginnen wir mit Düsseldorf, wo wir im Anschluss an eine Veranstaltung bei der Aftershow gemütlich beisammensaßen. Neben den zahlreichen anderen Gästen, die sich in dem weitläufigen Restaurant vergnügten, unterhielt sich neben unserem Tisch der weithin bekannte Künstler Leon Löwentraut und sein Vater. Beschwingt durch einen Caipirinha, den sie getrunken hatte, sprach Hede Leon Löwentraut an, ob er wohl in der Stimmung wäre, ihr sein Lieblingstier auf eine Postkarte zu zeichnen. Er entsprach ihrem Wunsch nach einem kleinen Kunstwerk, allerdings zeichnete er ihr kein Tier, sondern fertigte eine abstrakte Zeichnung mit dem Titel »Marmeladenoma« an. Auch gut. Das Werk hat nun seinen Platz in der kleinen Galerie meines Sohnes und meiner Schwiegertochter. Ein wahres Unikat, das auch noch einen märchenhaften Namen trägt.

Auch die nächste kleine Anekdote, die ich noch erzählen will, bevor ich mich einem anderen Thema zuwende, steht im Zusammenhang mit der Frau meines Sohnes. In Leipzig, wo unser Kanal für die »Goldene Henne« – einen Publikums- und Medienpreis – nominiert war, checkten wir in einem sehr schönen Hotel in der Innenstadt ein. Gegen Nachmittag klopfte meine Schwiegertochter Hede an meiner Zimmertür, um mir etwas mitzuteilen. Allerdings, es war gar nicht meine Tür. Ein Junge öffnete und blickte Hede erwartungsvoll an. Es war Julius Weckauf, der junge Schauspieler, der in »Der Junge muss an die frische Luft« so hinreißend die Rolle des jungen Hape Kerkeling gespielt hatte. Julius war in einer anderen Kategorie nominiert worden, und wie es der Zufall wollte,, waren wir im gleichen Hotel untergebracht. Janiks Mutter entschuldigte sich wortreich für ihr Versehen, erklärte, dass sie eigentlich zu ihrer Schwiegermutter, der Marmeladenoma wollte. »Die Marmeladenoma ist hier?«, fragte Julius begeistert. Die müsse er unbedingt persönlich kennenlernen.

Schnell wurde über seine Eltern ein Treffen arrangiert, wir plauderten miteinander, Mailadressen und Autogramme wurden ausgetauscht, Janik fotografierte, und zum Schluss zeichnete uns der elf Jahre alte Julius, was Leon Löwentraut nicht fertiggebracht hatte, sein Lieblingstier, einen Hund. Wunderbar. Das von uns gerahmte Kunstwerk hängt nun einträchtig neben dem Bild von Leon Löwentraut. Danke noch einmal, lieber Julius!

Julius Weckauf, so viel sei noch erwähnt, ist in natura tatsächlich so wie der junge Kerkeling im Film. Er wirkt, als wäre er geradewegs der Leinwand entstiegen. Frisch, natürlich, schlagfertig und sympathisch. Das empfinden anscheinend auch viele andere so, wurde er doch am Festabend viele Male mantramäßig gebeten, er möge doch so bleiben, wie er ist.

»Ich kann gar nicht mehr sagen, wie oft ich heute schon den Satz gehört habe: ›Bleib so, wie du bist‹, raunte er meinem Sohn nach der Verleihung der »Goldenen Henne« zu.

Es war schön, dich kennengelernt zu haben, lieber Julius. Und was ich dir abschließend noch sagen will: »Bleib so, wie du bist.«

Drei Freunde:
Enkel Janik, die
Maus und ich

Unterwegs zum
»Rapunzelturm«
in Hessen …

… zu Märchenlesungen
in Buchhandlungen

… und ins Studio
von World Wide
Wohnzimmer

Ein besonderes Highlight für mich war unser Auftritt in der Quizshow »Frag doch mal die Maus« mit dem Moderator Eckart von Hirschhausen in Köln. Ich meine mich erinnern zu können, dass diese Fernsehsendung aufgezeichnet wurde, dennoch war ich zum ersten Mal aufgeregt. Allein der Blick hinter die Kulissen des großen Studios war spannend. Von den Leuten der Redaktion wurden Janik, mein Sohn Paul und ich unglaublich freundlich empfangen, und nach vielen geschüttelten Händen wurden wir in unsere Garderobe geführt, wo wir auf den Auftritt warteten. Zwischendurch schauten immer wieder Mitarbeiterinnen vorbei, die Maskenbildnerin, die Dame von der Garderobe und andere hilfreiche Menschen. Schließlich kam Armin Maiwald, einer der Miterfinder und die markante Stimme der »Sendung mit der Maus«, durch die Tür. Gerne, so der Redakteur, der ihn begleitete, würde mir Armin Maiwald ein Märchen vorlesen, das wir auf unserem YouTube-Kanal hochladen könnten, so wir wollten. Vertauschte Rollen. Warum nicht? Besonders mein Sohn Paul, der als Kind stets mit Spannung die Lach- und Sachgeschichten der Maus verfolgt hatte, war beglückt. Armin Maiwald war für ihn eine Ikone – und nun nahm der zusammen mit seiner Mutter ein Märchen auf! Ein fantastisches Vergnügen nicht nur für ihn, sondern auch für Janik, der sich als Kind ebenfalls durch die »Sendung mit der Maus« fortgebildet hatte.

Dann endlich, nach der einen oder anderen Probe, zum Teil schon vor Publikum, kam der eigentliche Auftritt. Herzklopfen.

Zwei weitere Gäste der Quizshow, bei der Janik und ich ein Märchenquiz darbieten durften, waren der mir überaus sympathische Horst Lichter und Michael Patrick Kelly. Die Kelly Family – neben Beethoven und Elvis bereichern sie seit ihrer Gründung den Soundtrack meines Lebens. Heute sollte Michael, der der Kelly Family bis 2004 angehört hatte, seinen neuesten Solosong zum Besten geben. Dynamisch eilte er durch das Studio und sprang, als sei er hauptberuflich Leichtathlet, auf die Theke, die auf dem Podium stand. Sein neuer Song »ID« gefiel mir ausgesprochen gut, und mein Sohn fragte mich, ob er mir nach der Sendung ein Autogramm von ihm besorgen solle. Doch das wäre gar nicht nötig gewesen. Kaum war die Show beendet, stürmte Michael auf mich zu, begrüßte mich herzlich und setzte sich neben mich auf den freien Platz. Er hatte sich, wie er mir mitteilte, den ganzen Tag darauf gefreut, mich persönlich kennenzulernen. Ich war einigermaßen überrascht. Michael Patrick Kelly kannte die Marmeladenoma, und offensichtlich war er der Märcheninsel zugetan. Wir unterhielten uns über seine Familie, seinen Glauben und die anstehenden Auftritte. Es war so beglückend, mich mit Michael auszutauschen, der neben seiner Arbeit als Musiker auch als bildender Künstler tätig ist und sich zudem auf vielfältige Weise für den Frieden engagiert. Ich hatte das Gefühl, dass sich zwei Seelenverwandte getroffen hatten, wenn auch viel zu kurz. Schließlich wurden wir mehr und mehr von Zuschauern umringt. Selfies wurden gemacht, Autogramme verteilt, kurze Gespräche geführt, und im Gewusel der Ereignisse – vergaß mein Sohn das Autogramm. Aber Michaels CD mit dem neuesten Song habe ich zu Hause, und immer, wenn ich sie anhöre, wandern meine Gedanken zurück an diesen denkwürdigen Tag in Köln. Und wer weiß, vielleicht kreuzen sich unsere Wege eines Tages wieder. Wie schön wäre das.

Gerade bemerke ich, dass aus den zwei oben angekündigten Begegnungen nun doch derer vier geworden sind. Und ja, ich könnte natürlich über viele weitere Treffen sprechen. Aber dies kann ich gerne zu einem späteren Zeitpunkt nachholen.

Schon sehe ich neue Touren am Horizont heraufziehen, auch wenn mir diese mit meinen über 90 Jahren mittlerweile schwerer fallen als noch mit Mitte 80. Aber da draußen wartet die Welt, und diese will weiterhin erforscht werden. Ich freue mich auf die nächsten märchenhaften Reisen.

Dabei kommt mir das Grimmsche Märchen »Hans im Glück« in den Sinn. Dieses Märchen erzählt von Hans, der von seinem Herrn für seine Arbeit mit einem Klumpen Gold bezahlt wird. Mit diesem Lohn will Hans zu seiner Mutter zurückreisen. Unterwegs tauscht er das Gold gegen ein Pferd ein, dieses wiederum gegen eine Kuh, die Kuh gegen ein Schwein, das Schwein gegen eine Gans, die Gans gegen einen Schleifstein. Der Schleifstein jedoch ist ihm zu schwer, und er ist schließlich froh, als er diesen auf dem Weg verliert. Und so geht er denn mit leichtem Herzen weiter, bis er endlich zu Hause ist.

Trotz der Beliebtheit und der recht großen Reichweite von unserem Kanal »Marmeladenoma« – Reichtümer haben wir damit keine angehäuft. Das war auch zu keiner Zeit unsere Absicht gewesen. Wir wollten, wie bereits erwähnt, mit unseren Märchenstreams Liebe, Glück und Entspannung in die Welt bringen. Und so stehe ich wie der »Hans im Glück« am Ende ohne monetäre Reichtümer da. Jedoch reich an neuem Wissen, reich an neu gewonnenen Erfahrungen, und ich lebe in der Gewissheit, Liebe bekommen und Liebe geschenkt zu haben. Was bedarf es mehr?

In dem Song »Me and Bobby McGee« singt Janis Joplin die Zeile »Freedom´s just another word for nothing left to lose« – »Freiheit bedeutet, dass du nichts mehr zu verlieren hast«, so wie einst der »glückliche Hans«.

Warum gerade Märchen?

FANTASIE, KOMMUNIKATION UND GEMEINSCHAFT – DAS BIETET DIE MÄRCHENINSEL

»Warum streamen Sie am liebsten Märchen?« ist eine der häufigsten Fragen, die mir gestellt werden. Nun, Märchen sind untrennbar verwoben mit meiner Kindheit und haben mich stark geprägt. Meinen eigenen Kindern habe ich daher nicht nur Märchen, sondern früh auch schon Geschichten aus meinen Kindertagen erzählt. Diese Tradition, Märchen und Kindheitsgeschichten zu erzählen, habe ich später auf meinen digitalen Kanälen fortgesetzt.

Aber zurück zu der Frage: Warum Märchen? Zum einen sind diese alten Texte urheberrechtlich nicht geschützt. Es bedarf also keiner langwierigen Verhandlungen, um Märchen öffentlich vortragen zu dürfen. Zum anderen war es mir ein großes Bedürfnis, Märchen an eine jüngere Generation weiterzugeben, damit sie im digitalen Zeitalter nicht in Vergessenheit geraten. Schon einmal waren Märchen in Gefahr, aus dem Gedächtnis der Menschheit zu verschwinden, wäre nicht der Dichter Clemens von Brentano auf die Idee gekommen, die mündlich überlieferten Erzählungen aufschreiben zu lassen und damit für die Nachwelt in gedruckter Form zu archivieren. Da Brentano dieser Aufgabe aus zeitlichen Gründen nicht gewachsen war, beauftragte er die Brüder Jacob und Wilhelm Grimm mit der Sammlung der Märchen. Die beiden machten sich an die Arbeit, besuchten zahlreiche Märchenerzählerinnen, wie zum Beispiel Dorothea Viehmann in Niederzwehren (heute ein Stadtteil von Kassel), schrieben die ihnen vorgetragenen Märchen auf und schufen mit ihrer Arbeit ein Werk, das Einzug in das deutsche Kulturgut fand.

Viele der Märchen stammen ursprünglich aus Frankreich. Von dort vertriebene Hugenotten hatten die Erzählungen im 17. Jahrhundert in ihre neue Heimat in Deutschland gebracht. Auch Dorothea Viehmann war Hugenottin.

Märchen richteten sich ursprünglich an Erwachsene, und um sie Kindern zugänglich zu machen, sahen sich die Brüder Grimm veranlasst, so manchen Text zu vereinfachen. Einige Märchen, die ihnen gar zu düster erschienen, wie zum Beispiel Charles Peraults »Blaubart«, verbannten sie schon bald aus ihrer Märchensammlung für Kinder. Der Text wurde – wie manch anderer – nach der ersten Auflage der »Kinder- und Hausmärchen« nicht mehr veröffentlicht.

So grausam manche Märchen für uns Erwachsene erscheinen mögen, für Kinder bieten sie die Möglichkeit der Identifikation, und sie eignen sich aufgrund der klaren Unterscheidung zwischen »Gut und Böse« als moralisches Leitbild. So wird zum Beispiel in dem Märchen »Der Wolf und die sieben jungen Geißlein« der böse Wolf bestraft, indem er in den Brunnen geworfen wird. Die jungen Geißlein, allen voran das Jüngste, das besonders aktiv in das Geschehen eingreift, triumphieren über den Bösewicht.

Da die Märchen in einer zeitlosen Welt ohne geografischen Bezug spielen, sind sie für Kinder Traumgebilde, die fern der Realität in einem anderen Kosmos angesiedelt sind. Mir persönlich gaben Märchen schon in früher Kindheit Trost, Halt und trugen zu meiner moralischen Entwicklung bei.

Ich machte mich zusammen mit meinen märchenhaften Kindheitshelden auf, um die Welt zu erobern, und wusste mit ihnen stets treue Begleiter an meiner Seite. Auch dunkle Wege, so lernte ich, führen letztendlich zum Licht, wenn man guten Willens ist. Das Böse kann besiegt werden, so lehrten mich die Märchen, denn in letzter Instanz siegt stets das Gute über das Böse, die Liebe über die Angst. Der Autor und Schöpfer der Geschichten von »Pater Brown«, Gilbert Keith Chesterton, schrieb einst: »Märchen sind mehr als wahr. Nicht nur, weil sie uns sagen, dass es Drachen gibt, sondern weil sie uns sagen, dass Drachen besiegt werden können.« Dem schließe ich mich uneingeschränkt an.

Märchen unterstützten mich immer in meiner Wirklichkeit. Zum Beispiel wenn es um eine böse Stiefmutter ging, hatte ich doch selbst unter einer solchen zu leiden. Es gibt insgesamt 13 – eine magische Zahl – Stiefmütter in den 200 Märchen der Brüder Grimm. Was ich damals noch nicht wusste: In den ursprünglichen Märchen waren Stiefmütter eher die Ausnahme. Die Brüder Grimm hatten sich jedoch die Freiheit genommen, die »böse Mutter« in verschiedenen Märchen durch die »böse Stiefmutter« zu ersetzen. Sehr zum Nachteil der vielen Stiefmütter, die sich liebevoll um ihre Stiefkinder kümmern und die durch einen literarischen Kunstgriff seit über zwei Jahrhunderten in ein falsches Licht gerückt werden. Auf diesem Wege daher meine Botschaft an alle fürsorglichen Stiefmütter, die diese Zeilen gerade lesen: Gebt nicht auf, macht weiter so mit eurer Zuneigung zu den euch anvertrauten Kindern. Wir lieben euch!

So manche Stiefmutter, so weiß ich aus sicherer Quelle, ist auch bei meinen samstäglichen Märchenstreams auf Twitch dabei, oft zusammen mit ihren Kindern. Auch Patchworkmütter, mit ihren leiblichen und nichtleiblichen Kindern. Märchen sind aus unterschiedlichen Gründen sowohl für Kinder als auch für Erwachsene von Bedeutung. Letztere stellen jedoch bei meinen Märchenstreams klar die Mehrheit. Das mag zum einen der verhältnismäßig späten Sendezeit geschuldet sein, zum anderen aber habe ich den Eindruck gewonnen, dass viele Menschen die virtuelle Märcheninsel besuchen, um sich in die eigene Kindheit zurückzuversetzen. Das geht aus vielen Zuschriften und Chatnachrichten hervor. Entschleunigung ist das Zauberwort, Entspannung vom oft stressigen Alltag.

Auf der Märcheninsel können wir alle auf Fantasiereise gehen, durch die sympathische Community erfahren wir untereinander Zuspruch und können uns in den Fragerunden oder in den Chats, die neben den Lesungen laufen, austauschen. So bieten unsere Märchenstunden auch eine Plattform für vielfältige Interaktionen. Sogar eine Ehe wurde auf unserem Kanal gestiftet, wie uns mitgeteilt wurde – den Märchen sei Dank.

Dabei sehe ich in der Märcheninsel keine Flucht vor der Wirklichkeit, sondern eine Möglichkeit, den Akku neu aufzuladen, der im umtriebigen, oft hektischen Alltag über die Maßen strapaziert wird. Und das ist es, was mein Enkel Janik und ich auf der Märcheninsel im Internet vermitteln wollen.

Ohne Janik, dem ich als Marmeladenoma alles zu verdanken habe, und ohne dessen Ideen und technische Fähigkeiten hätte ich niemals in die virtuelle Welt gefunden. Und ich werde nicht müde, darauf hinzuweisen, was der damals Fünfzehnjährige auf die Beine gestellt hat. Sein Schulfreund Fabian – mein »Wahlenkel«, wie ich ihn nenne, – unterstützt uns bei den Streams vor Ort, und er war auch schon bei mancher märchenhaften Reise dabei, sei es zur Preisverleihung der »Goldenen Erbse« in Berlin oder auf den Spuren der Brüder Grimm.

Weit über 300 Märchenstreams haben wir seither schon zusammen gemacht, und nur zweimal fiel ich krankheitsbedingt aus. Aber die Ulli, eine liebe Freundin unserer Familie, und mein Sohn Paul vertraten mich wunderbar. Es ist so schön, dass wir alle zusammenhalten, einander helfen. Und das gilt selbstverständlich ebenso für die vielen anderen, die unseren Stream unterstützen, allen voran die Moderatorinnen und Moderatoren – und natürlich die vielen Follower.

Ach, ihr seid einfach fantastisch, ihr märchenhaften Komplizen! Ihr erfüllt die Märcheninsel mit Leben. Lasst euch umarmen, ihr tollen Märcheninselbewohnerinnen und -bewohner! Schön, dass ihr so treu bei den Streams dabei seid und euch für Märchen begeistert.

Danke auch für die vielen Briefe und eure Zeichen der Zuneigung. Meine Fanwall ist übervoll von euren Zeichnungen, Postkarten, Fotos. Ich freue mich über eure liebevollen Geschenke, die Pflanzen, die ihr mir schickt, den Biotee, den Rotwein, wärmende Schals. Ein lieber Follower aus Stuttgart sendet mir sogar oft Kumquats, meine Lieblingsfrucht. Andere schreiben mir liebenswerte Worte, malen Bilder oder verfassen eigene Märchen. Eines dieser Märchen, das mein Sohn Paul für uns schrieb, findet ihr nun hier.

»Das goldene Vlies«

Es war einmal ein Knabe mit Namen Lauch. Er lebte mit seiner Stiefmutter in einem einsamen Gutshof. Die beiden waren dort allein, denn der gute Vater des Knaben Lauch war gestorben.
Die Stiefmutter aber war so herrschsüchtig und geizig, dass die Mägde und Knechte den Hof nach dem Tod des Vaters nach und nach verlassen hatten.
Und da die Stiefmutter sehr träge war, musste der Knabe Lauch alle Arbeiten verrichten. Mit ihrem Stiefsohn sprach sie kein Wort, es sei denn, sie trug ihm Arbeiten auf. So musste der Knabe Lauch die Wäsche waschen, er fütterte die Schweine im Stall, er erntete im Garten Gemüse, musste kochen und putzen.
Die Stiefmutter jedoch saß den ganzen Tag in ihrer Kemenate, starrte aus dem Fenster und war missmutig. Sie ärgerte sich über die Wolken, die die Sonne verdeckten. Und war keine Wolke am Himmel, so ärgerte sie sich über die Sonne, die ihr zu heiß ins Gesicht schien. Nichts war ihr recht, und da sie nicht merkte, dass all ihr Ärger in ihr selbst wohnte, beschuldigte sie den Knaben

Zurück auf den Wiesen meiner Kindheit

Der Himmel über der Kapelle in Grünwinkel

Der Charlottenplatz heute – bleibende Erinnerungen

Der Schneewittchenapfel

Ich schreibe Briefe,
Briefe, Briefe ...

Vor dem Haus meiner Kindheit

Lauch, an ihrem Unglück schuld zu sein. Die Wäsche, die er wusch, war nicht sauber genug, das Gemüse, das er erntete, war zu klein, das Essen, das er kochte, war zu heiß oder zu kalt, und der Hof war nicht ordentlich gefegt.

Die einzige Freude, die der Knabe Lauch hatte, war das Fohlen, das ihm der gute Vater vor seinem Tod geschenkt hatte. Lauch streichelte es, er fütterte es, und jeden Tag, nachdem er die Arbeit verrichtet hatte, ging er mit ihm auf die Wiese vor dem Hof. Dort spielten sie miteinander, und beide empfanden große Freude dabei. Den tiefen Wald jedoch, der den Gutshof und die Wiese umgab, durfte der Knabe nicht betreten. Der Wald, so hatte ihm die Stiefmutter erzählt, sei von bösen Trollen, Riesen und anderen Ungeheuern bevölkert. Diese warteten nur darauf, dass ihnen ein Lauch, wie er es war, über den Weg lief, um ihm einen garstigen Streich zu spielen.

Eines Tages jedoch, als der Knabe Lauch wieder einmal mit seinem Fohlen auf der Wiese herumtollte, überkam ihn eine große Müdigkeit. Schlaftrunken legte er sich in das hohe Gras. Und während das Fohlen sich an den Wiesenblumen und Kräutern gütlich tat, betrachtete der Knabe Lauch die schönen Wolken, die am Himmel vorbeizogen.

Ach, wäre ich doch eine Wolke, dachte der Knabe Lauch. Dann könnte ich den tiefen Wald überwinden, ohne ihn betreten zu müssen. Ich zöge hinaus in die weite Welt, um mein Glück zu finden. So träumte Lauch vor sich hin, und ehe er es sich versah, fiel er in einen tiefen Schlaf.

Als er wieder erwachte, sah er sich um. Und er erschrak. Sein Fohlen war verschwunden. Die Abenddämmerung hatte eingesetzt, und es lag Nebel auf der Wiese. Der Knabe Lauch sorgte sich um sein geliebtes Fohlen. Auch konnte er ohne das Fohlen seiner bösen Stiefmutter nicht unter die Augen treten. Da sah der Knabe Lauch ein helles Licht im Nebel. Ein so schönes Licht hatte er

noch nie gesehen. Und obwohl es aus dem verbotenen Wald zu kommen schien, ging er darauf zu. So verließ der Knabe Lauch die vertraute Wiese und betrat den Wald. Links und rechts des schmalen Pfades herrschte tiefe Düsternis. Hatte ihn nicht die Stiefmutter gewarnt, im verbotenen Wald gäbe es Trolle, Riesen und andere Gefahren? Manchmal schien es dem Knaben, zwischen den Tannen stünde seine Stiefmutter mit ernstem Gesicht und mit mahnend erhobenem Zeigefinger. Doch er ging immer tiefer hinein in den Wald, die Tannen standen dicht beieinander wie stumme Krieger. Hatte da nicht etwas im Gebüsch geknackt? Bewegte sich da nicht ein Schatten zwischen den Bäumen? Schließlich kam Lauch in ein dunkles Tal, und er war von Schwärze umfangen. Doch ließ er sich nicht beirren. Er hatte keine Angst, denn das Licht am Ende des Tales wies ihm den Weg.
Dann trat der Knabe auf eine kleine Lichtung und wusste nun, woher das geheimnisvolle Licht kam. Ein kleines, hübsches Haus stand hier. Im Fenster des Hauses brannte eine Kerze. Die leuchtete so hell, dass die ganze Umgebung in Licht getaucht war. Vor dem Haus aber stand sein Fohlen, und als es den Knaben erblickte, lief es freudig auf ihn zu.
»Da bist du ja«, sagte der Knabe und streichelte sein junges Pferd. Da kam ein altes Mütterchen aus dem schönen Haus. In ihrer gütigen Art hatte sie gleich das Herz des Knaben gewonnen. Die Frau lud ihn ein, in ihr Haus zu kommen. Und dies war ein großes Glück. Denn der Knabe Lauch fühlte sich so wohl und geborgen in dem schönen Haus, wie er es noch nie in seinem Leben verspürt hatte.
»Du darfst bleiben, so lange du willst«, sagte das alte Mütterchen. Und es begann eine wunderbare Zeit für den Knaben.
Hier war es gut zu leben. Die alte Frau wusste so manche Kunst, die sie dem Knaben beibrachte. So verstand sie sich auf das Häkeln, das Malen, das Backen und ganz besonders auf das Einkochen von

Marmelade. Das Beste aber war, dass das alte Mütterchen dem Knaben zeigte, wie man aus Goldfäden ein Vlies weben kann. Der Knabe Lauch verstand sich bald sehr gut auf diese Kunst, und das goldene Vlies, an dem er arbeitete, wuchs und gedieh. Ja, es war ihm, als webe er in jeden goldenen Faden die schönen und guten Dinge mit ein, die ihm bei dem alten Mütterchen widerfuhren.
Jeden Samstagabend, vor dem heiligen Sonntag jedoch, las das alte Mütterchen dem Knaben Märchen aus einem Buch vor. Und sogar die Tiere des Waldes kamen, um den Geschichten aus alter Zeit zu lauschen. So saßen sie denn alle in der guten Stube und hörten der Marmeladenoma zu. Das Feuer im Kamin prasselte. Der Tee, den das alte Mütterchen aus Kräutern gekocht hatte, wärmte den Körper, und die angenehme Stimme der Marmeladenoma wärmte die Seele.
So verging Tag um Tag,und bald schon hatte der Knabe Lauch seine böse Stiefmutter vergessen.
Jeden Tag webte der Knabe Lauch weiter an dem goldenen Vlies, und endlich eines schönen Tages war es fast fertig. Nur ein einzelner goldener Faden fehlte noch.
Aus dem Knaben war indes ein junger Mann geworden, und das Fohlen war zu einem prächtigen weißen Pferd gediehen.
Da geschah es eines Tages, dass eine Prinzessin auf einem schönen Rappen in den Wald geritten kam. Auch sie erblickte ein geheimnisvolles Licht, das ihre Neugier erweckte. Sie ritt darauf zu, und bald erkannte sie, dass das Licht von dem goldenen Vlies stammte, das in der Morgensonne glänzte. Da sah sie auch den jungen Mann, der an dem goldenen Vlies wirkte. Er hatte gerade den letzten goldenen Faden eingewoben, als er aufschaute und die Prinzessin auf ihrem edlen Pferd erblickte.
Als ihre Augen sich trafen, war es um sie beide geschehen. Sie umarmten sich inniglich und wussten sogleich, dass sie füreinander bestimmt waren.

Als das alte Mütterchen die beiden Liebenden erblickte, lächelte sie, führte sie hinein in ihre Stube und erteilte den beiden den Segen. Nun waren sie Mann und Frau. Als Prinz und Prinzessin verließen sie das Haus, wo dem Knaben Lauch so viel Gutes widerfahren war.

»Wann immer euch der Weg zu mir führt, wisset, ihr seid allzeit willkommen«, sagte das alte Mütterchen zum Abschied.

Der Prinz und die Prinzessin bedankten sich bei dem guten alten Mütterchen, dann ritten sie auf ihren Pferden davon. Bald kamen sie an die Wiese, auf welcher der Prinz einst in einen tiefen Schlaf gefallen war. Und da war auch der Gutshof seines Vaters, den die böse Stiefmutter übernommen hatte.

Viele Jahre waren ins Land gezogen, seitdem Lauch seine alte Heimat verlassen hatte, und es erwies sich, dass die Stiefmutter seit langer Zeit tot war. So zog das junge Paar in den alten Gutshof ein. Die Wände wurden geweißelt, das Dach repariert. Die Kemenate, in der die böse Stiefmutter einst gelebt hatte, jedoch ließen sie abreißen. An deren Stelle errichteten der Prinz und die Prinzessin einen prächtigen Turm, der eines Schlosses würdig war. Auf der Turmspitze aber hissten sie das goldenen Vlies, das Lauch gewebt hatte. Dieses leuchtete golden in der Sonne, sodass man es von weit her sehen konnte. Und im ganzen Land erzählten sich die Menschen:

»Seht her, dort, wo das goldene Vlies in der Sonne glänzt, da ist das Glück zu Hause. Dort leben die Prinzessin und seine Durchlaucht, der Prinz.«

Und das waren wahre Worte, denn das Paar lebte dort glücklich in Liebe und Zufriedenheit.

Bis in alle Ewigkeit.

Liebe dein Leben

ALLES POSITIVE, DAS DU IN DIE WELT HINAUSGIBST, KEHRT ZU DIR ZURÜCK

»Welchen Rat für das Leben hast du?«, wurde ich vor Kurzem während meiner samstäglichen Livesendung gefragt. »Bereust du Dinge, die du getan hast, würdest du dein Leben, wenn du könntest, anders leben und noch einmal von vorn beginnen?«

Die Tatsache, dass ich so häufig auf Fragen dieser Art angesprochen werde, hängt wohl mit meinem hohen Alter zusammen, bei dem eine gewisse Lebenserfahrung und eine damit verbundene Weisheit zumindest zu vermuten ist.

Als vielfache Großmutter und Urgroßmutter blicke ich auf ein reiches, oft von Schicksalsschlägen begleitetes Leben zurück, und bei meinem Wirken auf der virtuellen Märcheninsel als Marmeladenoma bin ich neben dem Vorlesen von Märchen stets bereit, Fragen zu beantworten, die mir im Livechat gestellt werden. Vorzugsweise und ausführlicher übrigens beantworte ich Fragen aber am liebsten ganz »altmodisch« per Brief. Entschleunigt und ohne Zeitdruck kann ich dann über die Frage nachdenken und mich auf mein Gegenüber einlassen. Obwohl mich täglich sehr viele Briefe erreichen, beantworte ich alle handschriftlich. Manchmal werde ich lediglich um ein Autogramm gebeten oder um ein paar Zeilen des Grußes. Doch sehr oft bekomme ich auch traurige Briefe von Menschen, die Hilfe in kritischen Lebenssituationen benötigen. Häufig geht es um Mobbing, Existenzängste, den Tod eines nahen Angehörigen oder Beziehungsprobleme. Ich nehme mir Zeit bei der Beantwortung dieser Briefe, und im Schein einer Kerze, die ich für die Schreiber entzünde, steht oft ein Foto des jeweiligen Briefpartners.

Meistens schreiben mir junge Männer und Frauen, aber auch Jugendliche sowie Menschen jenseits der 50, und es haben sich für beide Seiten beglückende Brieffreundschaften entwickelt. Ich betrachte diese Briefwechsel als Win-win-Situation, wie es heute heißt, denn das Leben ist ein Geben und Nehmen, und für mich ist es ein großes Glück, wenn ich erfahre, dass ich meinem Gegenüber mit meinen Briefen positive Impulse geben kann. Es versteht sich von selbst, dass ich über diese Briefe, um der Diskretion willen, mit niemandem spreche und hier auch nicht darüber schreibe.

In meinem Wohnzimmer stapeln sich mittlerweile Kisten mit Briefen, die ich beantwortet habe, leere Kartons von Päckchen, die mir geschickt wurden und die auf ihre Wiederverwendung warten. Eine Followerin hat mir sogar Briefmarken geschickt, auf der mein Enkel Janik und ich abgebildet sind, damit ich meine Briefe, mit unseren Konterfeis, verschicken kann. Eine wunderbare Idee.

Mit einem Brief, einem offenen Brief, will ich dieses Buch nun auch beenden und auf die eingangs gestellte Frage nach einem Rat für das Leben eingehen.

Ihr Lieben,

über die Frage nach einem Rat für das Leben, die mich vor einiger Zeit erreichte, habe ich mich eingehend mit meinem Sohn Paul unterhalten, Janiks Vater. Mit ihm zusammen habe ich auch dieses Buch mit meinen Lebenserinnerungen entwickelt. Er unterstützte mich bei der Strukturierung der Inhalte und ordnete mitunter die zeitlichen Abläufe und verfasste, im gemeinsamen Austausch mit mir, so manche Zeile. »Ohne dich hätte ich dieses Buch nie schreiben können«, habe ich vor Kurzem zu ihm gesagt. »Nun, ohne dich hätte ich auch nicht an diesem Buch mitwirken können« war seine Antwort.
Und so ist es eigentlich, das Leben. Besser: So sollte es sein. Wenn nur jeder das Beste für das Gesamte in allen Teilbereichen des Lebens gäbe, wäre unsere Welt eine andere, eine angenehmere. Auf diese Weise - also durch das Miteinander, bei dem jede und jeder das Beste gibt - entstand an meinem Wohnzimmertisch auch der letzte Abschnitt dieses Buches, bei Tee, Pistazien und einem Glas Rotwein.

Die Frage nach dem ultimativen Rat für das Leben! - Eine nicht geringe Herausforderung.

Gibt es sie, die Formel für das Leben? Oder sollte nicht jeder und jede seine eigene Formel für sein oder ihr Leben finden? Wir kommen auf die Welt, mit den unterschiedlichsten Talenten, Einschränkungen vielleicht, wachsen in den unterschiedlichsten sozialen Umgebungen auf, werden individuell erzogen und haben

in der Folge mit Herausforderungen und Aufgaben zu tun, die wir auf jeweils eigene Art meistern. Jedes Leben ist einzigartig.
Der lange Weg - ich bin über 90 Jahre alt - meiner irdischen Existenz war oft verschlungen. So manche Sackgasse war dabei, auch einsame Pfade, und doch durfte ich erfahren, dass letztlich alle Gassen und Pfade zu dem einen wahren Weg führen. Denn der wahre Weg ist der Weg für uns alle. Niemand, der guten Willens ist, wird zurückgelassen. Manche mögen Umwege machen, sich verlaufen, doch letzten Endes kommen wir alle ins Ziel. Und dieses Ziel heisst Erkenntnis.
Wie ich schon erwähnt habe, war auch in meinem bisherigen Leben so mancher Irrweg dabei. Würde ich also das eine oder andere anders machen, wenn ich noch einmal die Wahl hätte? Nun, dann wäre es ja nicht mein Leben, sondern das Leben einer anderen. Schliesslich hat mich die Vergangenheit mit all meinen Erfahrungen zu dem Menschen gemacht, der ich jetzt bin. Das Leben lässt sich nur in eine Richtung leben, nämlich vorwärts. Erst im Rückblick kann man, so man will, Inventur machen.
Einen Weg zurück gibt es also nicht, es sei denn in der kritischen Nachbetrachtung. Und sicherlich wird man neben den vielen positiven Erfahrungen auch sehen, dass man hier und da eine andere Entscheidung hätte treffen können. Das eine oder andere wird man mit einem gereiften Blick auf die Dinge vielleicht sogar bereuen. Aber auch späte Einsichten kommen nicht zu spät, schliesslich sind sie das Ergebnis unseres Handelns - oder auch unserer Untätigkeit.
Wir können etwas tun oder es nicht tun. Alles hat Konsequenzen, auch das Aussitzen von Entscheidungen. Aber nur im Handeln können wir unser Leben lenken und Impulse setzen für die Richtung, die wir einschlagen wollen. Nur so können wir das Leben in all seinen Facetten schmecken, riechen und fühlen. Schliesslich ist das Leben die Summe all unserer Erfahrungen.

Auch wenn man im Nachhinein mit der einen oder anderen Entscheidung hadert - es gibt die Möglichkeit, Dinge neu zu justieren. Man kann in der Gegenwart immer noch die beste Variante seines Selbst anstreben. Jederzeit. Letzten Endes fügt sich alles, denn die Natur - auch die des Menschen - strebt nach Harmonie.

Geniesst euer gegenwärtiges Leben bewusst, den Reichtum im Materiellen wie im Geistigen. Seid dankbar dafür. Das, was ihr aufrichtig in die Welt hinausgebt, kehrt in positiver Weise zu euch zurück.

Was, werdet ihr am Ende eures Lebens fragen, ist das Wichtigste, das ihr jemals erreicht habt? Geld, Macht, Ruhm, gesellschaftliche Anerkennung, einen perfekten Körper? Sicherlich nicht. All dies lassen wir fraglos zurück, wenn wir in eine neue Dimension eintauchen.

Das Einzige, das wir ins Jenseits mitnehmen, ist unsere unsterbliche Seele. Die Liebe, die wir gegeben haben, und die Liebe, die wir empfingen.

Unser Leben wird im Wesentlichen von zwei gegensätzlichen Faktoren bestimmt: Liebe und Angst.

Spontan mögen viele vielleicht sagen, das Gegenteil von Liebe ist nicht Angst, sondern Hass. Dieser Gedanke ist nachvollziehbar. Doch dem ist nicht so, denn Hass ist nur EIN Ausdruck von Angst. Hass kann aus Wut entstehen. Die Wut hingegen ist eine Folge des Gefühls der Angst.

Angst hat viele Gesichter. Sie äussert sich in Form von Gier, Neid, Fanatismus, Fremdenfeindlichkeit, Mobbing, Fundamentalismus in jeglicher Form und kann sich in ihrer Feindseligkeit gegen sich selbst oder gegen bestimmte Menschengruppen richten: Kinder, Senioren, Kranke, Migranten, Männer, Frauen, Arbeitslose, Homosexuelle, um nur einige Beispiele für eine angstbesetzte Intoleranz zu nennen. Einer der monströsesten Auswüchse der Angst ist zweifellos der Krieg.

Dabei ist Angst nicht immer real, sondern kann auch Ausdruck unserer (düsteren) Fantasie sein. »Sie dürfen nicht alles glauben, was Sie denken!«, hatte einmal der Schauspieler, Autor und Komiker Heinz Erhardt geschrieben. Wie recht er damit hat! Viele unserer Gedanken stellen sich im Nachhinein als reine Kopfgeburten heraus. Angst, und da dürften wir alle einer Meinung sein, ist ein unangenehmes Gefühl. Angst begrenzt, ist destruktiv. Angst macht unglücklich. Angst ist die Furcht, etwas zu verlieren oder etwas nicht zu bekommen, was man meint zu benötigen.

Der Gegenpol zur Angst, die Liebe, dagegen ist beglückend, bereichernd und aufbauend. So wie »Gut und Böse« im Märchen sind auch die Gefühle Liebe und Angst konträre Begriffe. Nur wenn wir beide Emotionen kennen, sind wir in der Lage, den Unterschied zu erfassen, ansonsten verlöre sich alles in Gleichförmigkeit. Das eine ist ohne das andere nicht zu denken, deswegen haben sowohl die Liebe als auch die Angst, Letztere zumindest in einem gewissen Rahmen, ihre Berechtigung.

Wir Menschen mussten im Lauf der Evolution oft ums Überleben kämpfen. Dazu gehörte auch, auf Gefahren zu achten. Daher ist Angst in gesunder Ausprägung sinnvoll, da sie uns beschützen kann. Steht sie jedoch im Mittelpunkt unseres Handelns, kann sie sich zu unserem Nachteil auswirken. Bei einem Blick in die Geschichte erkennen wir, dass Menschen sich in ihren Entscheidungen oft von der Angst haben leiten lassen. Kriege, die Zerstörung der Natur, die Unterdrückung von Schwächeren sind Produkte unserer Angst. Diese Folgen der Angst gefährden nicht nur das physische Leben, sondern auch unser Seelenleben, und sie bedrohen sogar den Fortbestand der Schöpfung.

Die Angst kennen wir zur Genüge, die Rahmenbedingungen hierzu erschaffen wir tagtäglich. Die Liebe hingegen, so scheint es mir, müssen viele erst noch erfahren, erlernen. Die Schlüsselworte sind Achtsamkeit, Selbstreflexion und Mitgefühl. Dient mein Handeln der Angst oder der Liebe? Das sollten wir uns immer wieder fragen, denn *was wir denken, bestimmt unsere Taten im Leben. Die Entscheidung, welchen Weg wir einschlagen wollen, liegt bei jedem Einzelnen von uns.*

Die Antwort auf die Herausforderungen unserer Zeit kann aus meiner Sicht nur der Weg der Liebe sein. Fangen wir bei uns an. Tun wir niemanden Unrecht und lassen wir auch nicht zu, dass uns Unrecht widerfährt. Denken wir also positiv und ziehen wir so auch Positives in unser Leben.

»Jeder Mensch soll dort, wo er war, mehr Licht hinterlassen, als er zuvor vorfand«, sagte einmal sinngemäss Mutter Teresa in Bezug auf die Bilanz unseres Lebens. Dies mag eine Idealvorstellung sein angesichts der Herausforderungen, denen wir uns täglich stellen müssen. Dennoch lohnt es sich, über diese Aussage nachzudenken oder sie sich hin und wieder ganz bewusst ins Gedächtnis zu rufen. Denn allzu oft sind wir verstrickt in unsere täglichen Pflichten oder verlieren uns mangels Selbstdisziplin in sinnentleerter Zerstreuung. Anstatt das Leben in Fülle zu leben, sterben viele nach reiner Pflichterfüllung, oder sie gaukeln sich vor, in einer scheinbaren Ersatzwelt Trost zu finden, anstatt das Leben tätig mit Inhalt zu füllen. Wie oft verschenken wir unsere Lebenszeit, zum Beispiel wenn wir ruhelos durch das TV-Programm zappen. Andere überfüttern sich mit negativen Nachrichten und erschaffen sich eine düstere Welt, die in dieser deprimierenden Ausschliesslichkeit nicht existiert. Alkohol, Drogen, Spielsucht, Konsumrausch sind weitere Beispiele dafür, wie der eine oder die andere versucht, sich in vermeintliche Ersatzwelten zu flüchten. Fühlt man sich nach diesen Eskapaden besser oder schlechter? Die Antwort kennen wir alle. Fragen wir uns, was wir wirklich von unserem Leben erwarten, hören wir auf unser Herz. Denn »Man sieht nur mit dem Herzen gut«, schrieb schon de Saint-Exupéry in seinem Buch »Der kleine Prinz«. Machen wir das Leben heller, weben wir, wie der Knabe Lauch, ein goldenes Vlies, das in der Sonne als Zeichen des Glücks glänzen kann.

Ein Zeichen der Liebe und der Wertschätzung, das mich sehr berührte, schickte mir einer meiner Zuschauer: »Liebe Marmeladenoma, wir, deine Follower, schenken dir je einen Tag unseres Lebens. Mit dieser zusätzlichen Zeit wirst du noch viele Jahrzehnte leben und uns mit deinen Märchen und Streams erfreuen.«
Bei aller Liebe, sosehr mich dieses Angebot beglückt - das kann ich nicht annehmen. Lebt ihr euer Leben, liebt euer Leben. Jeden einzelnen Tag.
»Und letzten Endes ist die Liebe, die du bekommst, genauso gross wie die Liebe, die du selbst gibst.« Mit diesem Text aus dem Song »The End«, den Paul McCartney einst für die Beatles schrieb, beende ich nun diesen Brief an euch.
Und wie am Ende meiner Streams von der Märcheninsel grüsse ich euch auch hier mit den Worten:

Ade, bleibt euch treu. Wir sehen uns wieder.

Alles Liebe

Eure Marmeladenoma

AUTORENPORTRÄTS

Marmeladenoma wurde 1931 in Karlsruhe geboren. Sie brachte vier Kinder zur Welt, hat vier Enkelkinder und sieben Urenkel. 2016 wurde Marmeladenoma mit ihrem gleichnamigen Kanal weithin bekannt und gilt als älteste Streamerin Europas. Die mittlerweile 92-Jährige erzählt auf ihrem Kanal Märchen und Kindheitsgeschichten. Außerdem chattet sie mit ihren zahlreichen Followern und gibt Ratschläge. Marmeladenoma wurde vielfach ausgezeichnet, unter anderem mit dem Webvideopreis. Das Märchenland Berlin verlieh ihr die »Goldene Erbse«. Mit ihrem Buch »Mein Leben ist (k)ein Märchen« veröffentlicht sie ihre bewegte Lebensgeschichte.
Alle sozialen Netzwerke, auf denen Marmeladenoma aktiv ist, finden Sie auf https://marmeladenoma.de.

Janik wurde 2001 in Karlsruhe geboren. 2016 erfand er den Kanal »Marmeladenoma«, der in kurzer Zeit Millionen von Aufrufen bekam. Bis heute produziert und streamt Janik mit seiner Großmutter, der Marmeladenoma, auf allen bekannten sozialen Netzwerken. Für seine Arbeit wurde er mehrfach ausgezeichnet. Nach dem Abitur und einem Praktikum bei ZDF Digital studiert er heute in Karlsruhe. Für »Mein Leben ist (k)ein Märchen« übernahm Janik die Fotoarbeiten und gestaltete das Cover.

Paul Frey wurde 1962 in Augsburg geboren. Der Sohn der Marmeladenoma und Vater von Janik lebt als Autor in Karlsruhe. Er schreibt für den Hörfunk sowie für Printmedien. Paul Freys Texte wurden in zwölf Sprachen übersetzt. Für das Buch »Mein Leben ist (k)ein Märchen« von Marmeladenoma war Paul Frey als Co-Autor tätig.
https://paulfrey.de

DANK

Es war der Wunsch vieler Follower gewesen, meine Lebensgeschichte als Buch zu veröffentlichen. Dieser Wunsch ist in Erfüllung gegangen. Dass dieses wunderbare Projekt verwirklicht werden konnte, ist der Initiative der Redakteurinnen Petra Bradatsch und Viola Schmid vom Verlag Gräfe und Unzer zu verdanken, die im Internet auf uns aufmerksam wurden und uns überzeugten, meine Lebenserinnerungen niederzuschreiben. Bald kam mit Ulrike Auras eine erfahrene Lektorin mit ins Boot, die uns so manche Anregung gab und mit ihren Hinweisen und Ideen dem Buch den letzten Schliff gab. Sie alle standen stets und nimmermüde im ständigen Austausch mit mir und meinem Sohn Paul, der mit mir am Wohnzimmertisch auf Zeitreise ging und der mich beim Schreiben meiner Biografie als Co-Autor nachhaltig unterstützte. Im besonderen Maße zum Dank verpflichtet bin ich meinem Enkel Janik. Ohne ihn hätte es den Kanal »Marmeladenoma« nie gegeben. Ohne ihn wäre daher auch dieses Buch niemals veröffentlicht worden, für das er, so ganz nebenbei, die Fotos erstellt hat. Danke auch an all die anderen Mitarbeiterinnen und Mitarbeiter des Verlags, die im Hintergrund arbeiten und deren Mitwirken von unschätzbarem Wert ist.

Mein besonderer Dank gilt allen meinen treuen Followerinnen und Followern auf Twitch und Co, die sich immer wieder gewünscht haben, ein Buch von mir in den Händen zu halten. Danke euch allen, dass es euch gibt. Meine guten Wünsche werden euch immer begleiten!

Eure Marmeladenoma

IMPRESSUM

GRÄFE UND UNZER ist eine eingetragene Marke der
GRÄFE UND UNZER VERLAG GmbH, www.gu.de

ISBN 978-3-8338-8919-6
1. Auflage 2023

Projektleitung: Viola Schmid, Petra Bradatsch
Co-Autor: Paul Frey
Lektorat: Ulrike Auras
Bildredaktion: Simone Hoffmann
Umschlaggestaltung: ki36 Editorial Design, München, Stephanie Reindl
Herstellung: Chiara Knell
Layout und Satz: Uhl + Massopust, Aalen
Reproduktion: Ludwig Media, Zell am See
Druck & Bindung: DZS Grafik, Slowenien

Bildnachweis

Cover: Marmeladenoma
Alle Archivfotos: Marmeladenoma
Innenteil: Webvideopreis: S. 137

Syndication: www.seasons.agency

GRÄFE UND UNZER

Ein Unternehmen der
GANSKE VERLAGSGRUPPE